ビットコイン投資やってみました！

［著］たまきちひろ
［監修］大塚雄介 コインチェック株式会社 共同創業者兼COO

ダイヤモンド社

◉本書は、決して仮想通貨取引を推奨するものではありません。
◉あくまで作者の経験をコミックエッセイとして表現したものであり、内容の正確性を保証するものではありません。
◉仮想通貨取引には、大きなリスクが伴います。
◉本書により発生するいかなる損害についても、著者・監修者、ならびに出版社は責を負いかねます。投資判断は自己責任に基づいて行ってください。
◉本書のデータ等は、２０１７年10月現在のものです。

監修者まえがき

◆簡単に低コストで世界中のお金のやり取りを実現できる

今、仮想通貨はゴールドラッシュのような様相を呈しています。本書執筆時点（２０１７年10月22日）の仮想通貨時価総額は約20兆円。驚くべきはその伸び率で、１年前のおよそ13倍にまで膨らんでいます。

２０１７年の年初から世界的に価値の再評価がされてきた仮想通貨ですが、はたしてそれがどのようなものなのか、正直、よくわからないという人が多いのが現状だと思います。ここでは、簡単に仮想通貨とはどのようなものなのかについてご紹介したいと思います。

仮想通貨とは、文字の通り仮想の通貨です。物理的なコインのようなものはなく、インターネット上で通貨のように使うことができるバーチャルな通貨のことを指します。世界中に５００種類から６００種類あるといわれています。その中で最も多くの人が所有し、一番有名な仮想通貨がビットコインと呼ばれる仮想通貨です。

ビットコインの始まりは、２００８年11月に暗号通貨理論に関するオンラインメーリングリストに、「Satoshi Nakamoto」と名乗る人物が「Bitcoin:A Peer-to-Peer Electronic Cash System」という論文を発表したことに始まります。この論文に書かれたアルゴリズムを、暗号通貨オンラインコミュニティのエンジニアたちが開発し、動くシステムとして作られてきました。
このシステムの優れている点は、簡単に低コストで世界中のお金のやり取りを実現できる点です。
インターネットという技術が生まれて以来、私たちは情報（テキストや音声etc）を簡単に低コストで世界中でやり取りすることができるようになりました。いわゆるIT革命です。
ところが、インターネットはコピーも簡単に低コストで行えてしまうため、お金などのコピーができてしまっては困る領域には、適用することはできないでいました。
しかし、ビットコインという技術を使えば、インターネット上でお金がコピーされる心配をすることなく、簡単に低コストで世界中でやり取りすることができるようになります。
このような技術ですが、当初は、誰もその技術的価値がわかりませんでした。
そのため、1BTC（ビットコインの単位はBTC）は、1円にも満たない価格でした。
しかし、2017年の年初から徐々にその技術的価値が見直されてきました。この技術は非常に革新的であり、現在の金融システムそのものを変えてしまうほどの価値があるのでは（？）という認識が一気に広まったのです。その結果、1BTCは、本書執筆時点では、70万円に迫る勢いです。
そして、この価格変化に目をつけた人たちが現れます。まるでゴールドラッシュさながらに、我先にビットコインを手に入れようと投資しているのが現状です。
ゴールドラッシュは、金が採れる金鉱に物理的に行きましたが、ビットコインは、インターネットさえあれば売買することができます。インターネット上でビットコインが売買できるサービスをビットコイン取引所と呼びます。例えば、私たちが運営しているコインチェック（https://coincheck.com/）もその1つです。

◆仮想通貨革命後の未来像は、誰にもわからない

このような取引所を通して、ビットコインを売ったり買ったりすることで、投資家は利益を得ます（または損失がでます）。金融商品としては、FXや株のオンライン売買に近いサービスです。日本においては、２０１７年４月に資金決済法が改正され、法律で仮想通貨とは何かが初めて定義されました。これにより、一気にビットコインの売買をする人が増えたのです。

以前は、東京近郊に在住のITに明るい30歳～40歳の男性がほとんどだったのですが、今では、四国の60歳の女性から北海道の10代の男子まで、全国老若男女がビットコイン売買を行っています。

先ほども触れましたが、ビットコインの価値は、その技術的価値にあります。そのため本来は、その技術的価値を理解した方が自分のリスクの取れる範囲で投資することが望ましいです。

しかしながら、どの金融商品への投資でも同じですが、投資家の多くは、投資対象について本質的な理解を深めるよりも先に投資してしまいます。

本書を描かれたたまきさんは、その代表格であり、まさにその体験記をマンガで描かれている点が非常に面白く、かつ、多くの人の心情を代弁しています。

ビットコイン自体は、開発されてからたった9年しか経っていない技術のため、まだまだ改善途中です。様々な問題を抱えながらも改善されているため、ビットコインの価格自体もその時々で上下します。今後もこの状態は、数年続くでしょう。金融商品としては、ハイリスクハイリターンの商品です。その点は、ご注意ください。

このような状況を踏まえて、著者たまきさんのようにビットコインの描く未来に想いを馳せながら、自己責任で投資を楽しむのも一興かもしれません。

ビットコインがどうなるか、仮想通貨がどうなるのかは、仮想通貨事業を約3年経営している私にも正直よくわかりません。なぜなら、IT革命が世界をどう変えるか誰にもわからなかったように、仮想通貨革命が世界をどう変えるかは、誰にもわからないからです。

人類未踏の時代に突入しています。しかしながら、確実に1つ言えることは、お金というものは今後デジタル化していくことは間違いないということです。たぶん、数十年後には現在のようなお札やコインでいちいち支払いをするのは、なんとも滑稽な姿になっていることと思います。ちょうど、今見ると大きな移動式電話を肩に掛けて電話をしている姿が、とても滑稽に見えるように。

お金のデジタル化は、数十年に1度のパラダイムシフトを起こします。これまでのお金の概念を問い直し、再定義することになります。私たちが何も違和感を覚えることなく使っていたお金が、全く別のデジタル化したものになります。その世界がどんな世界なのか、それをいち早く体験できる方法がビットコインに始まる仮想通貨を自ら購入し、使うことです。そこには確実に未来があります。

本書を通してビットコインに興味を持つ方が1人でも多く現れ、これから本格的に始まるビットコイン・仮想通貨の未来を体験される方が1人でも多く増えれば幸いです。

2017年10月

コインチェック株式会社　共同創業者兼COO

大塚雄介

CONTENTS

アチョー

第1章

ビットコインってなんですか？

私がビットコイン投資を始めた理由

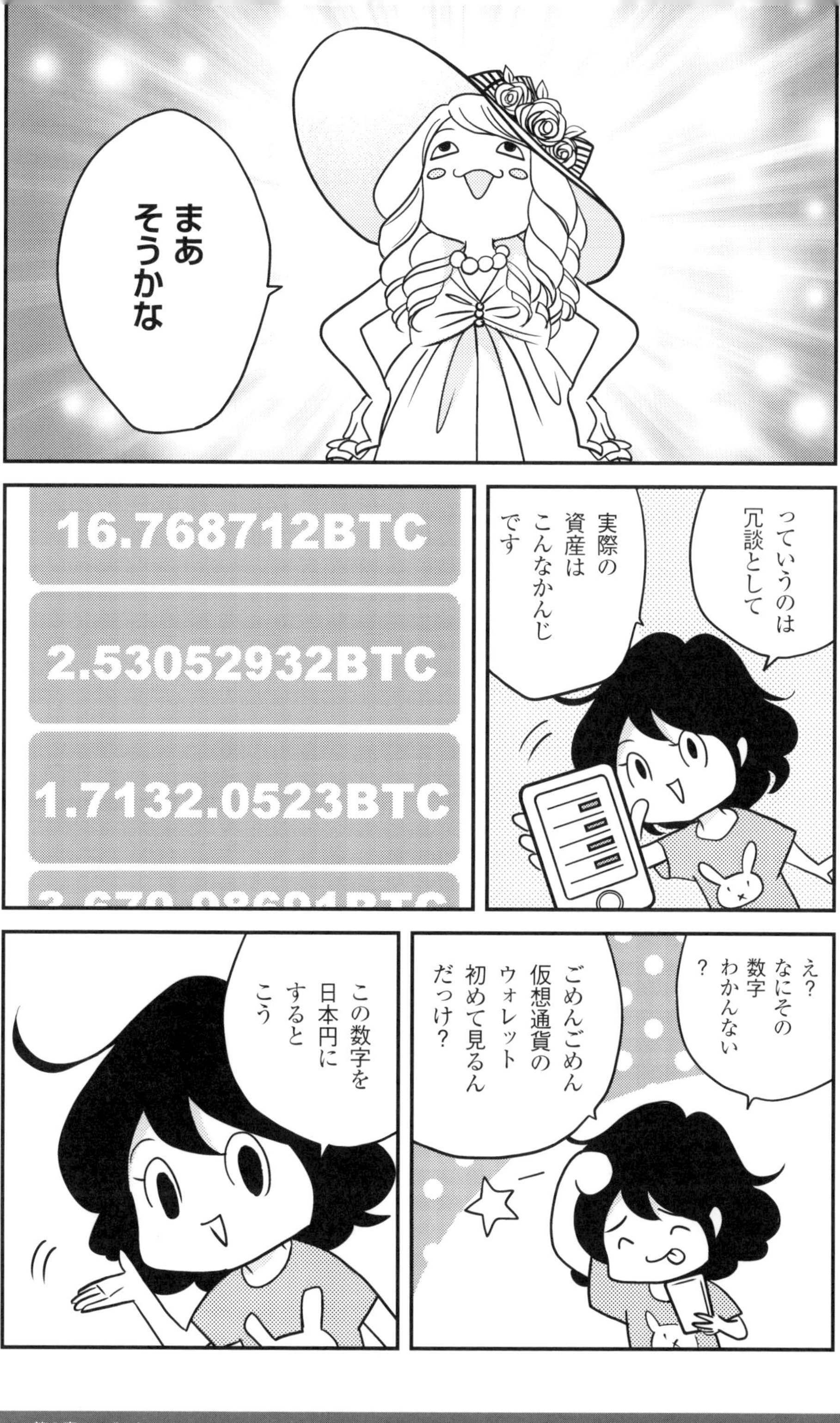
まあ
そうかな
っていうのは
冗談として
実際の
資産は
こんなかんじ
です
16.768712BTC
2.53052932BTC
1.7132.0523BTC
え？
なにその
数字
わかんない
？
ごめんごめん
仮想通貨の
ウォレット
初めて見るん
だっけ？
この数字を
日本円に
すると
こう

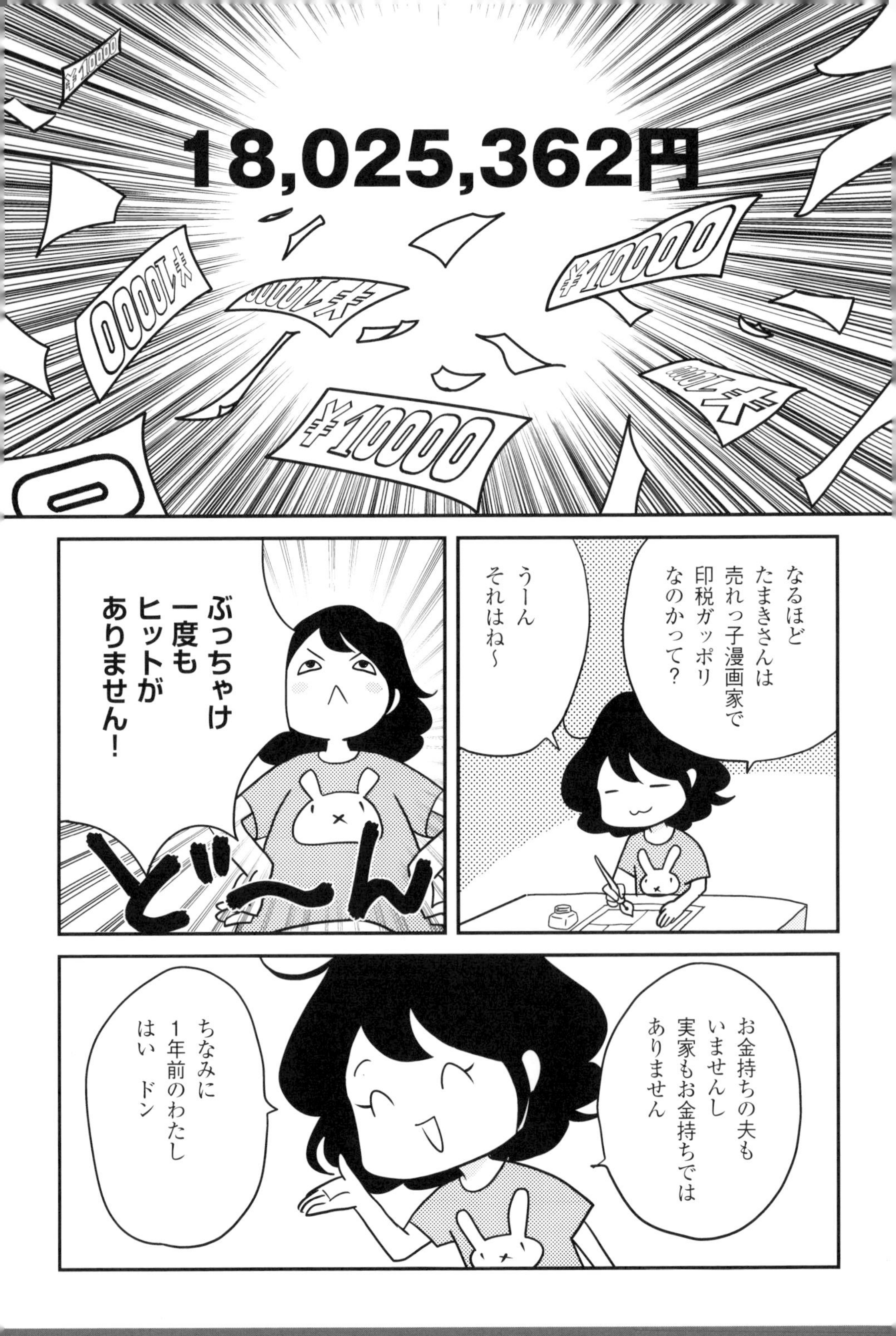
18,025,362円
¥10000
なるほど たまきさんは 売れっ子漫画家で 印税ガッポリ なのかって？
うーん それはね～
ぶっちゃけ 一度も ヒットが ありません！
ど～ん
お金持ちの夫も いませんし 実家もお金持ちでは ありません
ちなみに 1年前のわたし はい ドン

みかん
国保代
督促状
電気代
請求書
見てのとおり
この頃は仕事もやる気も尽き果てて人生が詰んでいました
仕事もやる気もお金も男もないないない尽くしのわたしがいかにして大金を手にしたか？
それには長い物語があるのです
スタート!
ビンボー
マンガ家デビュー
小金持ち
結婚
スランプ&離婚
ビンボー
あれは2016年の11月のこと
元証券マンの知人に久々に再会した日のことです
どうしよう……来月から収入ゼロだわ……
貯金も1年くらいで底をつくしどうしよ～
フリーランスって過酷だよね～社畜とどっちがいいか悩んでしまうよ

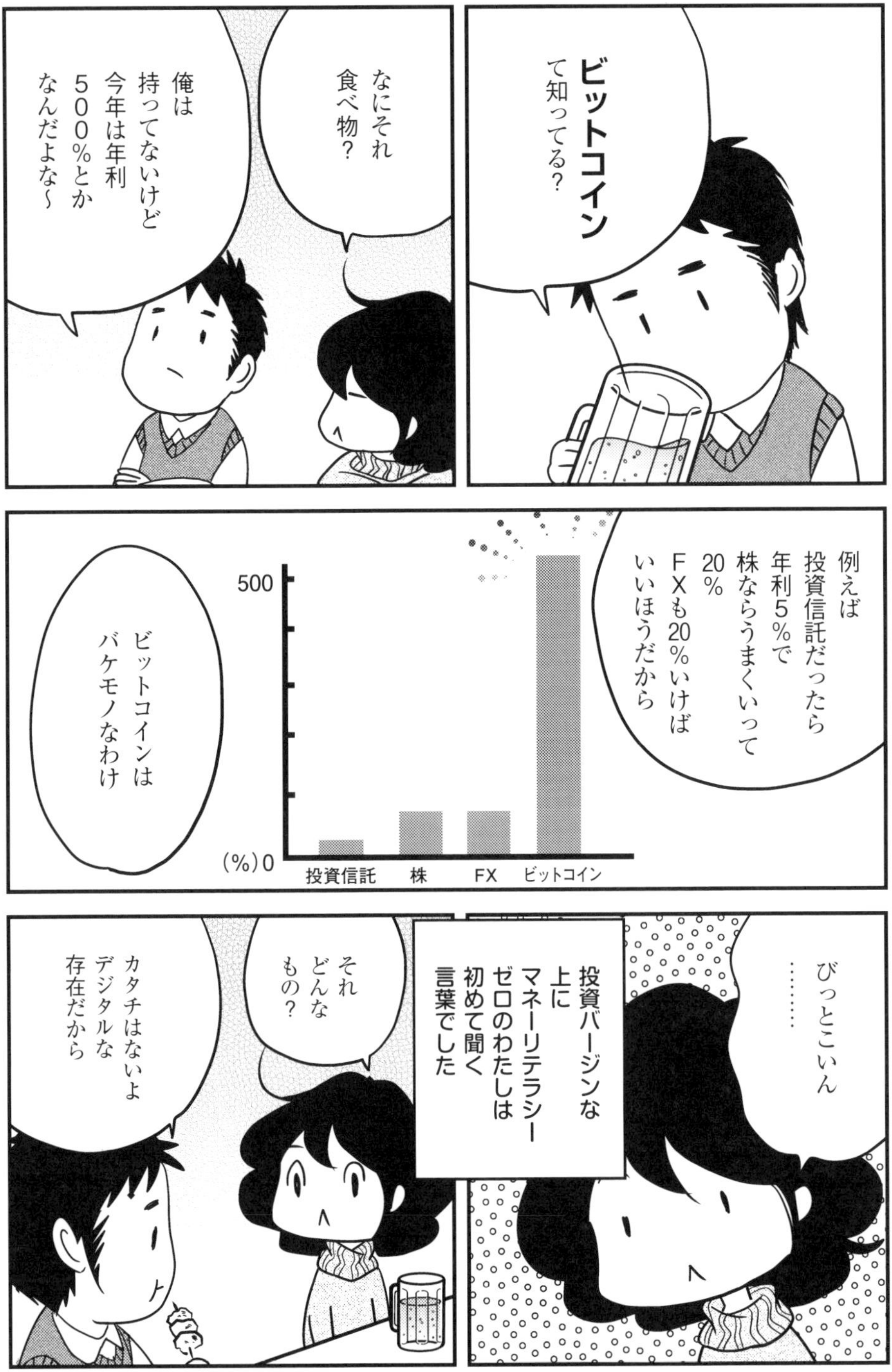
ビットコインて知ってる?
なにそれ食べ物?
俺は持ってないけど今年は年利500%とかなんだよな〜
例えば投資信託だったら年利5%で株ならうまくいって20%FXも20%いけばいいほうだから
500
(%)0
投資信託
株
FX
ビットコイン
ビットコインはバケモノなわけ
びっとこいん……
投資バージンな上にマネーリテラシーゼロのわたしは初めて聞く言葉でした
それどんなもの?
カタチはないよデジタルな存在だから

ビットコインは
国が発行してる
円やドルと違って
コンピュータの
システムが発行してる
仮想通貨なわけ
10000
国や銀行の権力に
縛られない
国境のない
通貨なんだよ
その時です
なんだか
SFみたい
だなぁ
……
国境のない
通貨…………
…………
…………
説明のつかない
ときめきが
胸を離れません
でした
ちょっと
だけ
ググって
みよ……

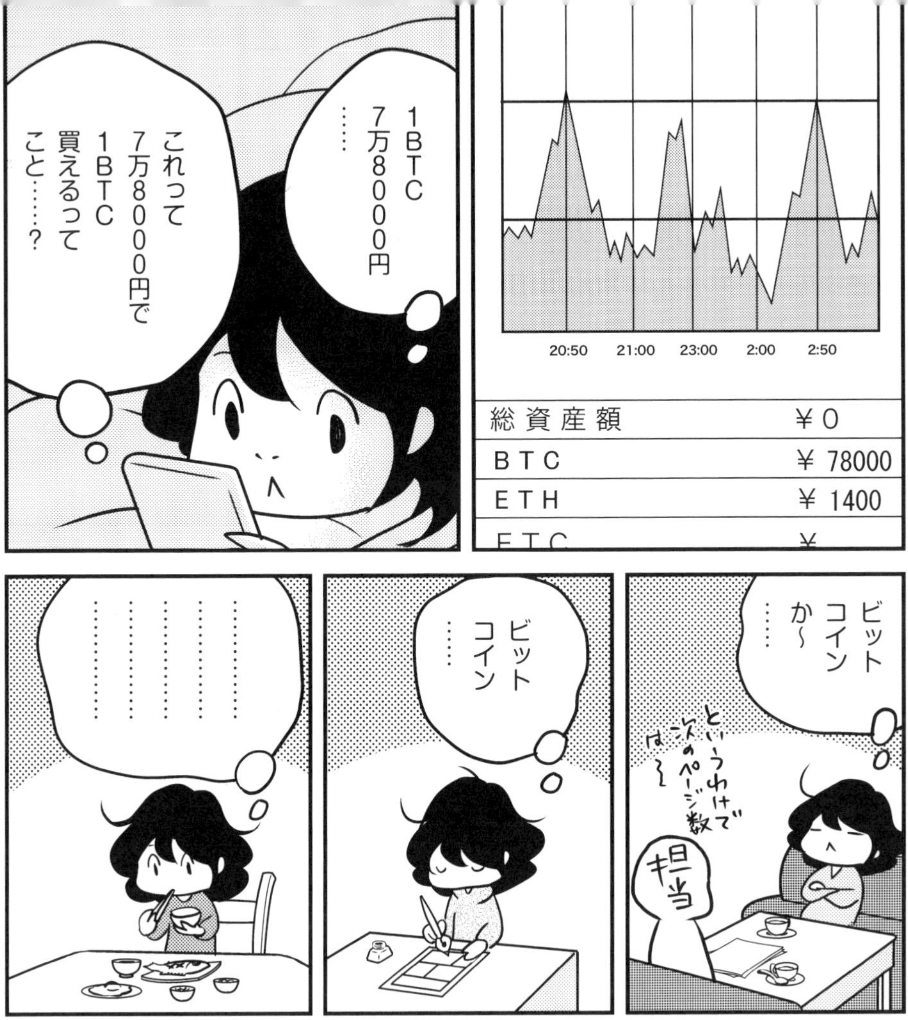

【取引所】
仮想通貨を買いたい人と売りたい人が取引する場所（プラットフォーム）のこと。取引所が指定する口座にお金を振り込むことで、仮想通貨を購入できる。

【アカウント】
銀行とか証券会社でいうところの口座。アカウントを作るということは口座を開設すること。

せっかくだから
ちょっとだけ入金
してみようかな……
ネットバンクから
1万円だけ送金
してみよう……
わードキドキする～
銀行
振込
ぱっ
10,000円
総資産
10,000 円
0 BTC
0 ETH
日本円
BTC
Ether
Ether Classic
わー
送れた～
きゃっ
きゃっ
当たり前なことが
とっても新鮮な
投資バージン
あ
BTCが
8万円になってる!
1日で2000円
上がったってこと
!?
う～ん
せっかくだから
買ってみよう
かな……
80000
78000
でもこの1万円
ってどこ
行っちゃうんだろ
……
ビットコインって
コンピュータ上の
数字なんでしょ
……?
消えたり
しないのかな
～……
10000
不安

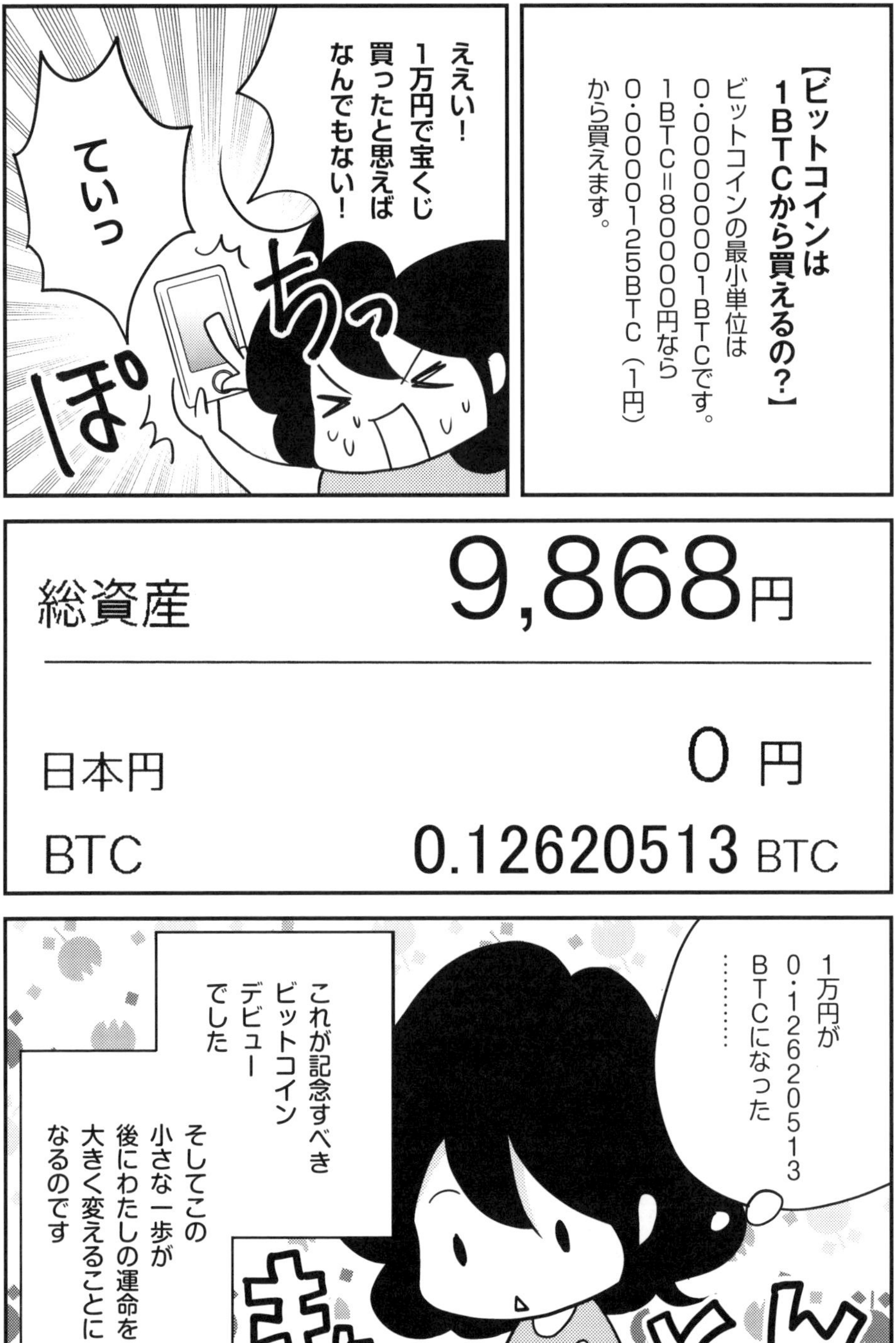
【ビットコインは1BTCから買えるの？】
ビットコインの最小単位は0・00000001BTCです。1BTC＝800000円なら0・00000125BTC（1円）から買えます。
ええい！1万円で宝くじ買ったと思えばなんでもない！
ていっ
ちっ
ぽ
総資産 9,868円
日本円 0 円
BTC 0.12620513 BTC
1万円が0・12620513BTCになった………
これが記念すべきビットコインデビューでした
そしてこの小さな一歩が後にわたしの運命を大きく変えることになるのです
きょとん

第2章

仮想通貨ってなんですか？

ビットコインは新しい時代のお金

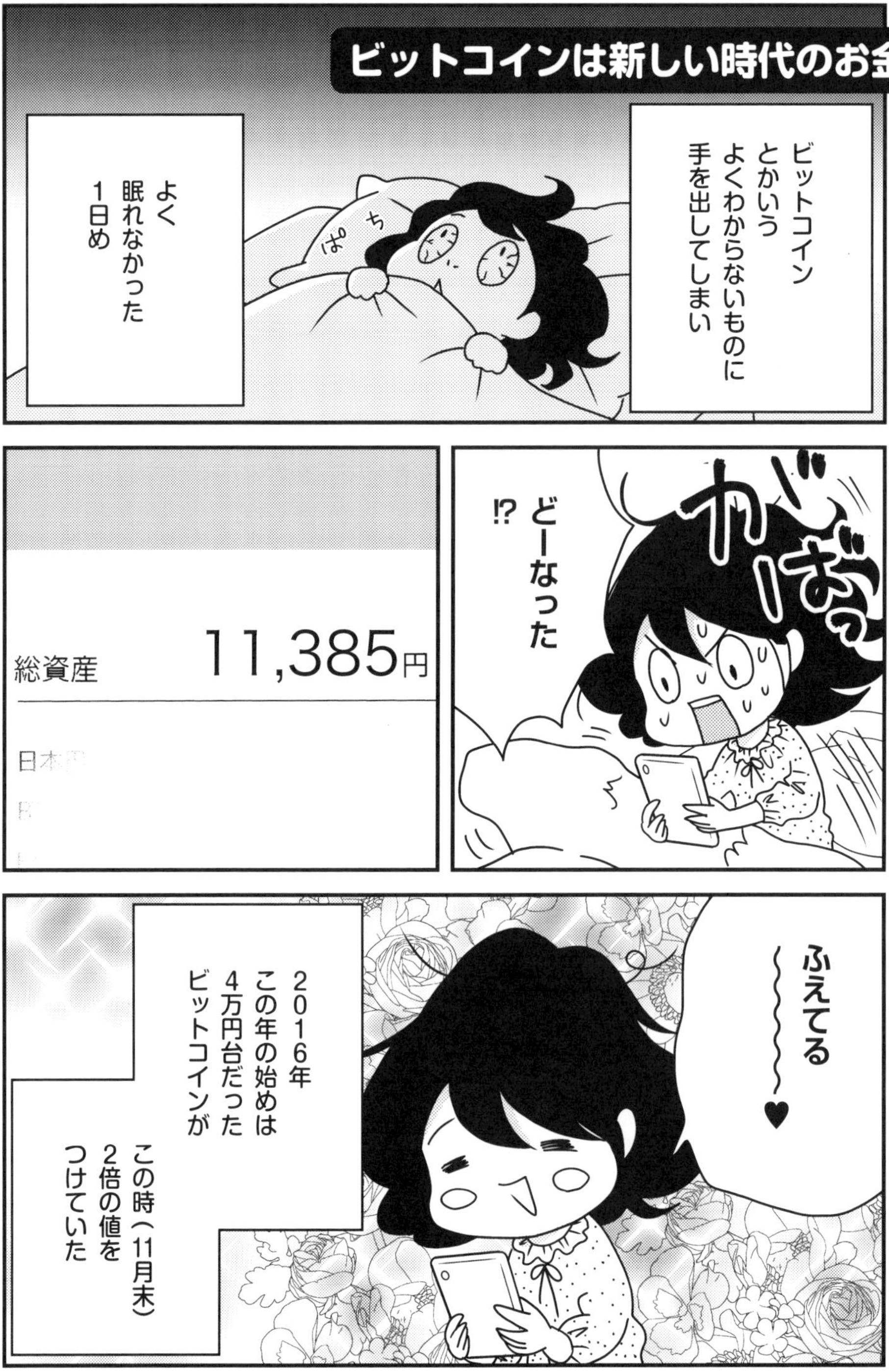

ビットコインとかいうよくわからないものに手を出してしまい
よく眠れなかった1日め
ぱち
がばっ
どーなった!?
総資産
11,385円
ふえてる〜〜〜〜♥
2016年この年の始めは4万円台だったビットコインが
この時（11月末）2倍の値をつけていた

すごい……
毎日どんどん
増えてく……
ふえる
わかめ？
なんにも
しなくても
1週間で
1500円増え
てる……
担
たまきさーん
打合せ中
ですよ———
ガタン
そもそも
ビットコインって
なんだ？
ガタン
人間が作って
なくて
国境がないって
どーゆー
こと？
ガー
ピー
説明しよう!!
ビットコインとは
⁉
仮想通貨の
ひとつで
2008年に
ナカモトサトシと
名乗る人物が
インターネット上で
論文を発表した
なにこれ
すげー
「ブロックチェーン」
という技術によって
初めて作られた
ものである
すばらしい
アイディア
だ！
謎の人物
ナカモト・サトシ

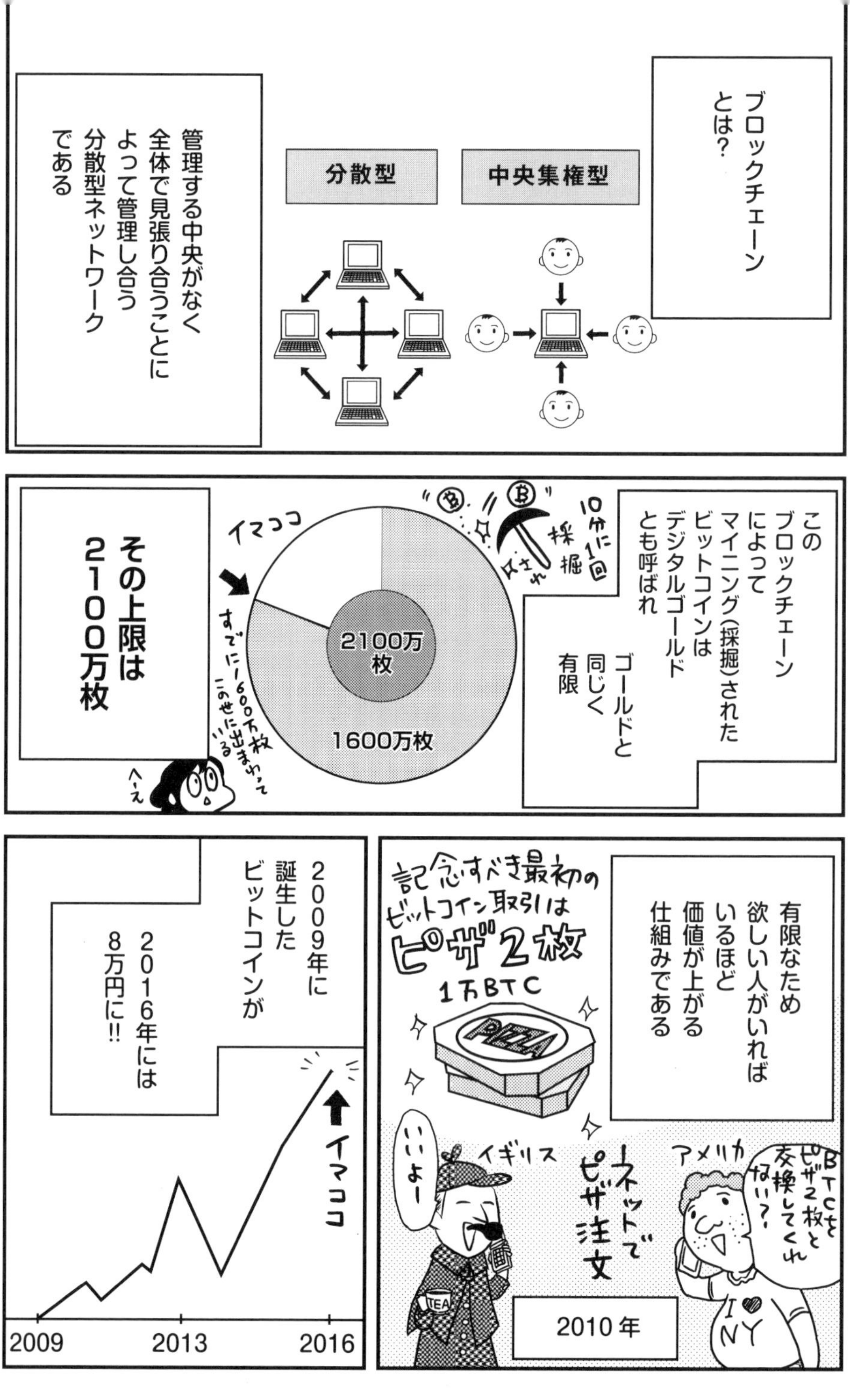

ブロックチェーンとは?
中央集権型
分散型
管理する中央がなく全体で見張り合うことによって管理し合う分散型ネットワークである
このブロックチェーンによってマイニング(採掘)されたビットコインはデジタルゴールドとも呼ばれ
ゴールドと同じく有限
10分に1回採掘され
イマココ
すでに1600万枚この世に出まわっている
2100万枚
1600万枚
その上限は2100万枚
へ～え
有限なため欲しい人がいればいるほど価値が上がる仕組みである
記念すべき最初のビットコイン取引はピザ2枚
1万BTC
PIZZA
アメリカ
BTCをピザ2枚と交換してくれない?
ネットでピザ注文
イギリス
いいよー
TEA
I NY
2010年
2009年に誕生したビットコインが
2016年には8万円に!!
イマココ
2009
2013
2016

なんと……
ということは……
ビットコインって
新しい時代のお金じゃん!!
すごい! わたし未来に立ち会っているんだわ……
ビットコインによって時代は変わろうとしているのね……
はっ
待てよ……!
1週間で1万円が1万1500円に増えたってことは……100万入れたら115万円になったってこと……?
てことは200万入れたら……
230万円!?

何言ってんの！
楽してお金稼げるわけないでしょ！
お金は汗水たらしていただくものだよ
ズルいこと考えないで働きなさい！
へっ日本の奴隷教育に洗脳されやがって
諸国じゃ小学生から投資の授業してるってのに
金の価値って本当に労働とイコールか？
誰が決めてるのかよく考えろ
働かざる者食うべからず!!
うううううううううううううう
金は金!!
わたしは……
わたしは……
保険全部解約して全あり金200万投入と
ナイス攻め!!
どんっ
あー!っ
ぽち
一気にネジが外れる
※よい子はマネしないでね

こうして虎の子と共に魂まで売り飛ばし
ひっひっひ ウナギのぼりじゃ〜〜〜〜
ギーギー
めでたく(?)サトシ教入信!!
これからはビットコインの時代じゃ〜〜〜〜!!
ははは
2016年12月 この時1BTC 約12万円
なんとたった3週間で200万円が約282万4000円に!!（含み益）
こりゃ1000万などすぐそこだな〜
1か月で2倍なら2か月でそのまた2倍……
ほくほく
いや〜んあっという間に億《おく》り人になっちゃう〜!
キャキャキャ
とらぬ狸の皮算用に笑いが止まらないバカ一丁あがり

億か〜〜〜〜〜
ポワワワン
タワマン
スイス銀行
UBS
アフリカに病院とか学校とか
たまき小学校
持ったつもりになるだけで優しい気持ちになるバカ
こうしちゃいられん不動産購入の勉強をしとかねば
おいマンガ描け
担
不動産
こんな勘違いをしてしまうほど上がりまくるビットコイン
ゴーン
こうして2016年の年は暮れ
2017年始
おおおおおおおおおお
まるで龍が昇るかのよう!
ギュオオオオ
ビットコイン15万円台へ爆上げ!!
まさに昇龍拳!!

ついに300万達成〜!!
ひゃっひゃっひゃっ
なにしてんの?
ビットコイン投資をちょっとね
ビットコイン?
大丈夫か〜?騙されんなよ〜
また変なことして
情弱(情報弱者)め!!
時代に置いていかれる者は豊かさを享受できないのよ!!
情弱は一生馬車馬の如く労働するがよいわ!!
ほーほほほ
勘違いもビットコイン価格も過去最高値をつけた2017年1月6日
それは突然起こった

なにい!!
ビットコインが
急落してる――
!!
スト――ン
イマココ
1BTC
16万が
ピークで
今11万円台
……
1日で……
へな
へな
一体
なにがあったのだ
!!
このとき中国で
ビットコイン取引が
過熱し
中国政府が換金を
規制したため
売りラッシュが
起こっていた
ビットコインは
自国の通貨が信用
ならない国での
需要が高い
よってその国での
動きがそのまま
価格に
影響する
ギンギン
ギンギン
うおお……
下げ止まらない
……もうすぐ
9万円台……
いやいや!
まだ儲けは
出てるし!
冷静になれ!

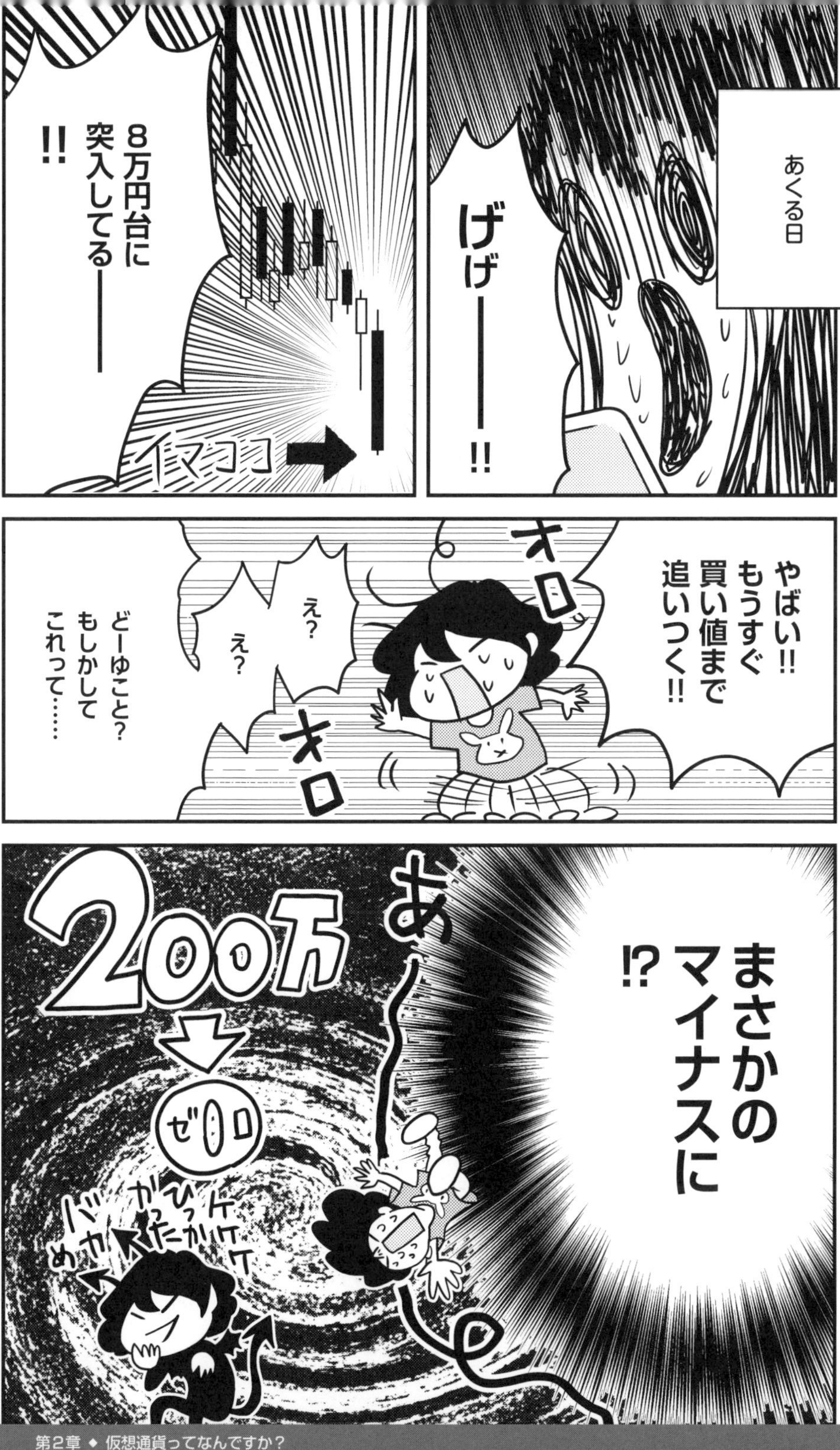
あくる日
げげーーー!!
8万円台に突入してるーーー!!
イマココ
やばい!! もうすぐ買い値まで追いつく!!
キョロ
キョロ
え?
え?
どーゆこと? もしかしてこれって……
まさかのマイナスに!?
あーー
200万
ゼロ

(注)オワコン——終わったコンテンツの略。一時は人気だったが、今では見捨てられてしまったこと。

第3章

自分だけの推しコインを探せ

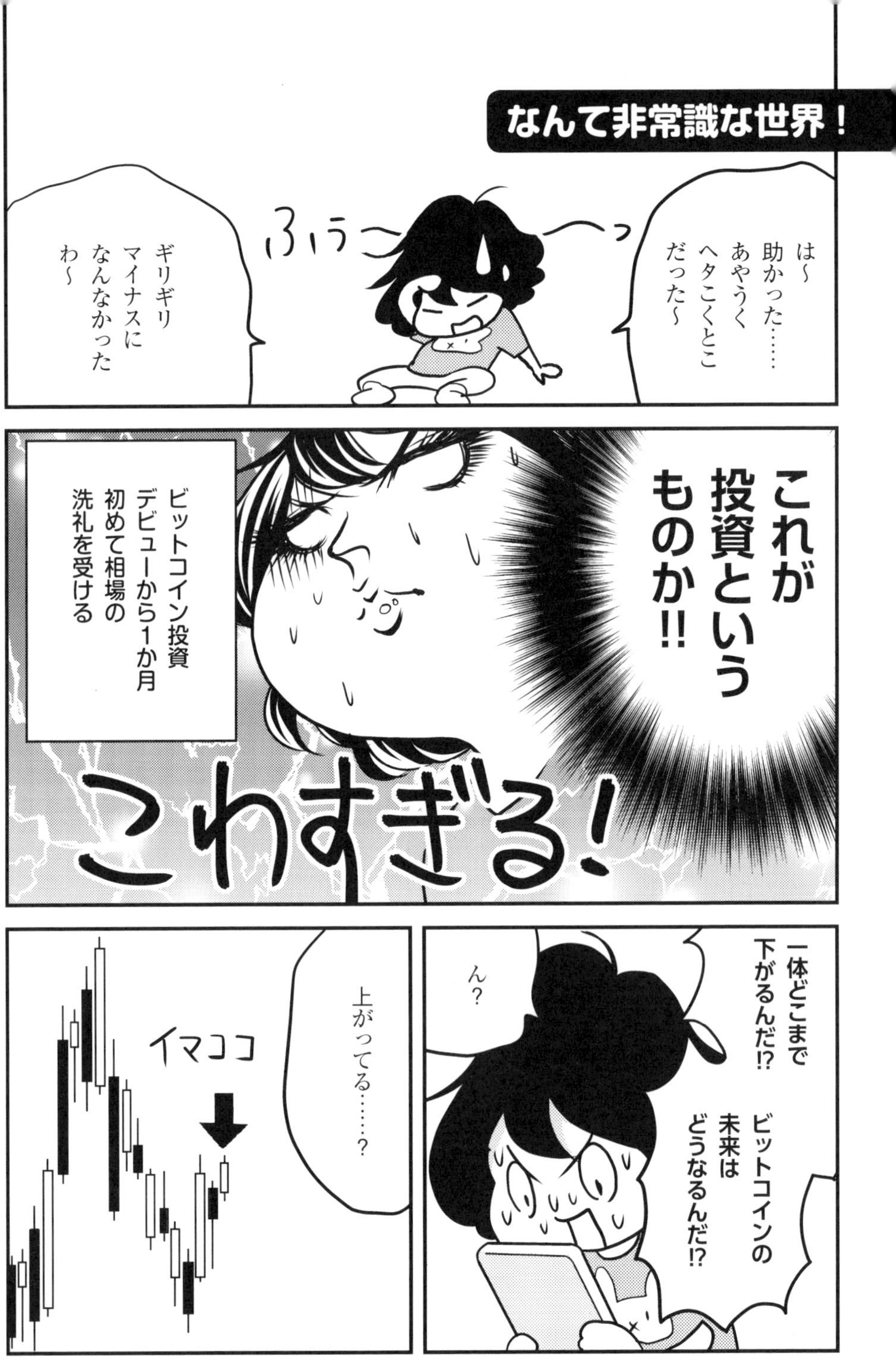
なんて非常識な世界！
は～助かった……あやうくヘタこくとこだった～
ふぅ～～っ
ギリギリマイナスになんなかったわ～
これが投資というものか!!
ビットコイン投資デビューから1か月初めて相場の洗礼を受ける
こわすぎる！
一体どこまで下がるんだ⁉
ビットコインの未来はどうなるんだ⁉
ん？
上がってる……？
イマココ

……………
ぽちっ
全力売りした6時間後に全力買い
サトシごめん!!
もう裏切ったりしないから
ひしっ
これが世に言うシロウトの「飛びつき買い」である
やばい!!これがいわゆる情弱か……!!
ちゃんと勉強しなきゃこのままでは……死ぬ!!
今さら気づく!?

なになに
仮想通貨とは
……
ビットコイン
ビットコインで使用されるハッシ
SHA－256とRIPEMD－16
bitcoinではハッシュはほぼすべてSHA
SHA－256を2回適用したものが使わ
ナンスとはnumber used onceの略で
ブロックを背生するときに採掘者によって
生成される32ビットの数値です。
ブロックを生成するためには採掘難易度よ
小さいハッシュを計算することが必要です。
何度計算してもハッシュ値は同じなので
ナンスをどんどん変更させてハッシュを
……………
なるほど!!
全然わからん!!
どど〜ん
ん?
仮想通貨
セミナー?
仮想通貨セミナー
よくわからんが
人に聞いたほうが
早いな
というわけで
ようやく
脱情弱への
道へ

セミナー講師は20代の賢そうな青年
暗号通貨
仮想通貨は暗号通貨ともいいます
この暗号通貨は今700種類ほど世界に存在します
へー知らなかったビットコインだけじゃないんだ〜
ビットコイン以外のコインをアルトコインといいます
そういえば取引所のBTCの下にいろいろあったな……
BTC
ETH
XRP
ETC
REP
ビットコインを買ったら取引所に置いておかないでくださいね
必ず自分のウォレットに保管するようにしてください
取引所
ウォレット
すみませんよくわからないんですが……
ウォレットってなんですか?

ウォレットとは暗号通貨のお財布です
たとえば僕が使っているのはこのウォレットアプリです
¥897,605,236
0.00BTC
送信済み
送信済み
送信済み
送信済み
え？
いちじゅうひゃくせん…
億!?
ざわ
ざわ
あ、これは普段使いするお金の一部で普段使わない分はハードウォレットに移してますよ
一部!?

僕が持っているのはビットコインじゃなくほぼイーサリアムですけどね
いーさりあむ?
イーサリアムは暗号通貨の中では時価総額第2位(当時)につけている通貨です
これはビットコインの弱点を補った新しい通貨なので
ビットコインが馬車ならイーサリアムは車みたいなかんじですね
BTC
ETH
なんと!!
ビットコインですらもう古いだと――!?

(注)直訳すると「賢い契約」のこと。契約の自動化。契約の条件確認や実行を自動的に行うこと。

とにかく上位10位以内の通貨は一定の取引量が確保されているので信用してよいと思います
2016年取引量ランキング
1.BTC ビットコイン
2.ETH イーサリアム
3.XRP リップル
4.ETC イーサリア
5.REP オーガ
6.ZEC ジー
7.LTC ライ
8.FCT
暗号通貨はまだ始まったばかりなので未来はまだまだありますよ
未来……!!
未来という言葉に弱い
アルトコインはまだ安いですし将来有望なコインなら投機的には夢がありますね
1000
6年
2010年にビットコインを1000円で買った人は2016年に6億になったんですよ

6年で1000円が……
ざわ
6億!?
ざわ
なんて非常識な世界なんだ!
これは早く始めるほどデカい!!
イーサリアムとか言ってたっけ……
ETH……これか……?
※歩きスマホはいけません
ETH￥800
800円……
BTC
ETH
XRP
ETC
あ BTCは基軸通貨だから他のコインも買えるんだっけ

まあ3年後くらいかな～車の時代ってのは
今はビットコインを増やすことが優先だから20万円分だけイーサリアムに回しとこう
ぽち
初めてビットコインを使いイーサリアムゲット!!
Ether 200ETH
キャ
わービットコインまた上がった～
きゃっ
がこのときは知る由もない……
この後イーサリアムがとんでもないことになることを……
キラーン
ビットコイン♪
ビットコイン♪

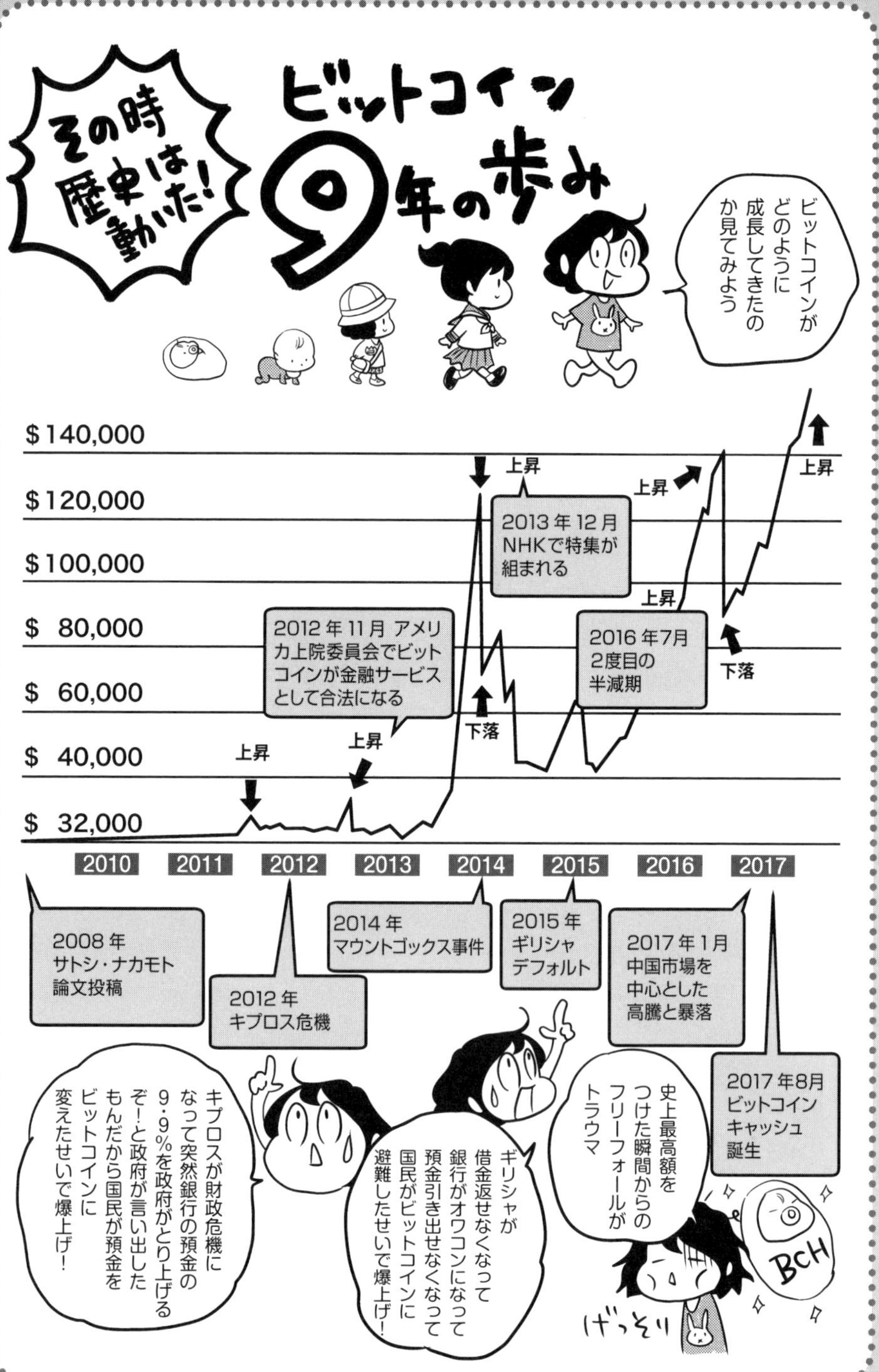
その時歴史は動いた!
ビットコイン9年の歩み
ビットコインがどのように成長してきたのか見てみよう
$140,000
$120,000
$100,000
$ 80,000
$ 60,000
$ 40,000
$ 32,000
上昇
上昇
2012年11月 アメリカ上院委員会でビットコインが金融サービスとして合法になる
下落
上昇
2013年12月 NHKで特集が組まれる
2016年7月 2度目の半減期
上昇
上昇
上昇
下落
2010
2011
2012
2013
2014
2015
2016
2017
2008年 サトシ・ナカモト論文投稿
2012年 キプロス危機
2014年 マウントゴックス事件
2015年 ギリシャデフォルト
2017年1月 中国市場を中心とした高騰と暴落
2017年8月 ビットコインキャッシュ誕生
キプロスが財政危機になって突然銀行の預金の9.9%を政府がとり上げるぞ!と政府が言い出したもんだから国民が預金をビットコインに変えたせいで爆上げ!
ギリシャが借金返せなくなって銀行がオワコンになって預金引き出せなくなって国民がビットコインに避難したせいで爆上げ!
史上最高額をつけた瞬間からのフリーフォールがトラウマ
BCH
げっそり

第4章

あなたもこれで億り人？

今どきの億り人

前回の
ビットコインの
狼狽売りを
乗り越えた今
カチャ
3……2……1……
離しません
億るまで!!
乱高下にも
ビクともしない
握力を身につけた
わたくし
ゴォォォォォォォォ
握力!!
信仰心!!
よっしゃ
上がった
——!!
もはや
怖いもの
なし!!

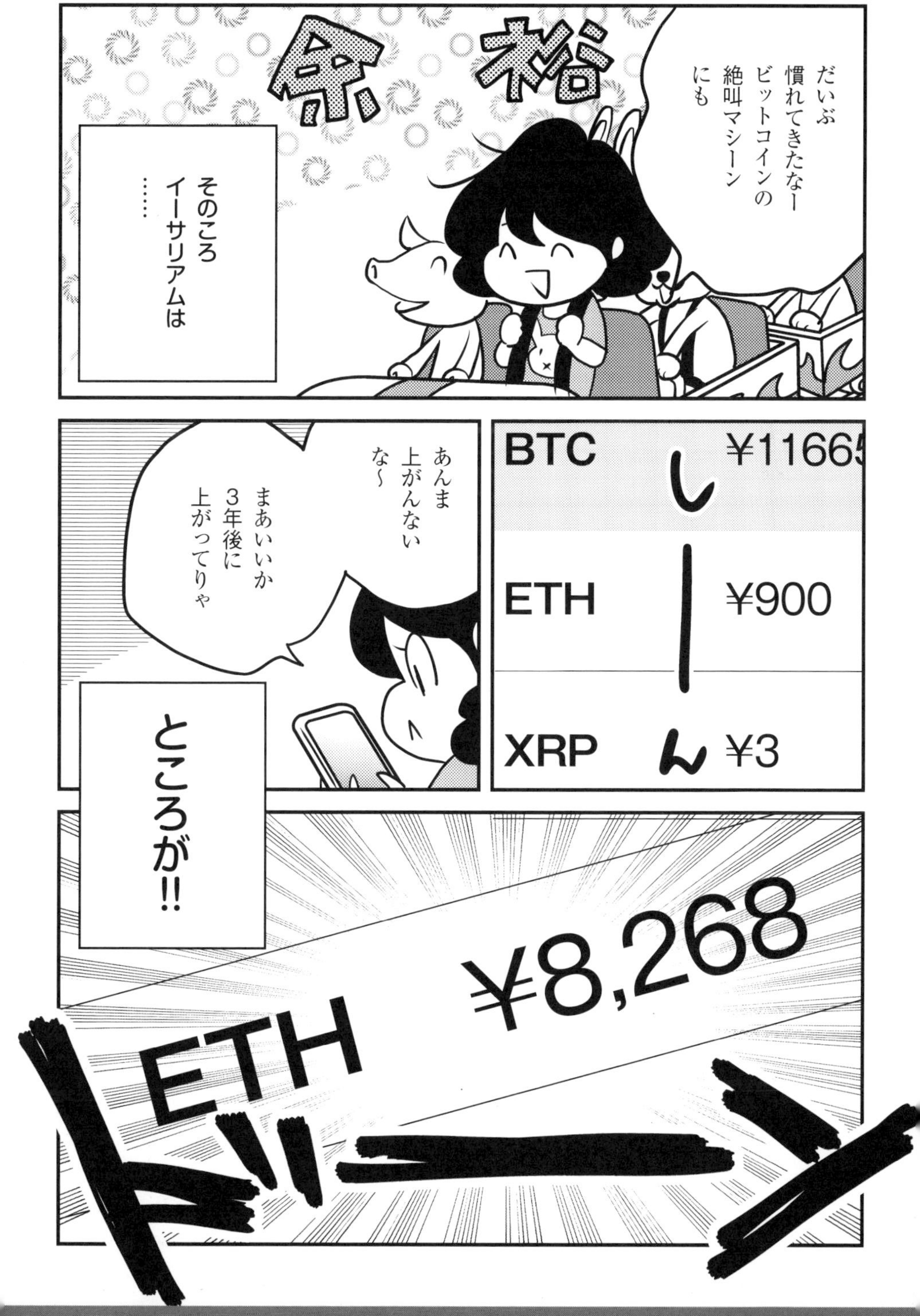
余裕
だいぶ慣れてきたなービットコインの絶叫マシーンにも
そのころイーサリアムは……
BTC ¥11665
ETH ¥900
XRP ¥3
しーーん
あんま上がんないな～
まあいいか3年後に上がってりゃ
ところが!!
ETH ¥8,268
ドッーーン

(注)相場の大暴落が来ること。

買い増し！
うぐぐぐぐぐぐぐぐ………
ホールド！
ここはホールド一択!!
それでいいのよ
あーっ
シロウトはヘタに動かないほうがいいと学んだのだ!!
動かざること山の如し!!
てやんでいっ
でんっ
が……
ぐんぐんぐんぐん

ついに
イーサリアム
1万2000円!!
おおおお
わっしょい
祭
わっしょい
買値から
約15倍!!
元金20万円が
3か月でいきなり
300万円（含み益）
に――――!!
うそーっ
だから
買い増せって
いっただろ
バ――カ
だからおまえは
情弱なんだよ
バ――カ
ぐぬぬ
情弱な上に
センスゼロ!!

今からでもせめて買い増しを……
そうこうしているうちに
しくしく
その後もイーサリアムは上げ続け
ぐんぐん
ぐんぐん
ぐんぐん
4か月め
やれやれ
待たせやがって
なんと50倍達成!!
がくーーっ

1千万
20万が……
いっせんまんになってる……
てことは……もし200万を全部イーサに入れてたら……
今頃1億!?
1億
なんで全力でイーサにつっこまなかったんだ———!!
わ〜ん
ケケケ
バーカ
痛恨の情弱ミス!!
仮想通貨というものは突然何十倍にもなる世界である
イーサリアムのスマートコントラクトを有名企業が続々採用……?
だからあんなに上がったのか〜
いつ何が高騰するか予測するにはマメに情報をチェックするしかない!

ちなみに
たまーに
勉強会とかで
見かける
「億り人」とは
今どきの億り人
無職
資産
数十億！
持ちもの
スマホだけ
地味
よゆーのある
オーラ
20代
前半
正直ビンボー
くさい服装
田舎に住んでる
ほしいもの
別にないっすー
投資はゲーム的に
楽しい
だけなんで
昭和の億り人
スタイルは
もはや絶滅危惧種
なんか
ギラつい
てる
異様に日焼け
してる
全身ブランド
高級外車
複数持ち
別荘
持ってる
たくさん会社を
経営してる
チャラい
昭和の億り人
ちゃんねーと
ザギンで
シースー
いつか
億り人になったら
……？
わたしの
場合は
たぶん
後者
いえー
と
考えずには
いられない
仮想通貨投資デビュー
4か月め
仮想通貨総資産
約1300万円

取引所の口座開設の方法

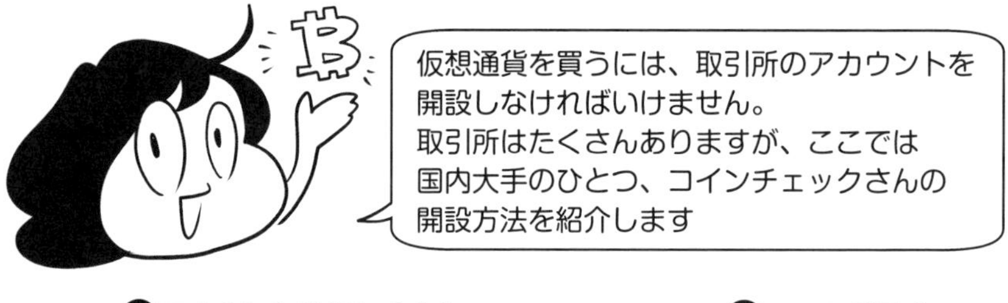

❶アカウント登録しよう！

❷メールが届く

これでアカウント作成完了！

❸ウォレットの設定から本人確認・電話番号登録をしよう！

❹電話番号認証しよう！

❺本人確認をして身分証明書をアップロードしよう！

❻ハガキを受け取って完了！

第5章 仮想通貨投資のリスク

マウントゴックス事件とは？

仮想通貨投資デビューから4か月めで仮想通貨総資産200万→1300万
お
ハワイのイイもの物件イイね〜
不動産
気分はすっかり億り人
人間はちょっと儲かると人に話したくなるもの
この幸せをみんなに分けたい!!
LOVE & PEACE
億るくらいもうかると逆に黙る
億
・・・
わたし最近投資始めたんだよね〜
へ〜株？FX？
仮想通貨
なにそれ？
ほらビットコインとかの

ざわ・・・
ビットコイン……？
大丈夫？危ないんじゃないの？
前にあったよねーニュースでマウントゴックスだっけ？
説明しよう！マウントゴックス事件とは⁉
マウントゴックスとは2010年に設立されたビットコインの取引所
2014年そのマウントゴックスから85万BTCが消失しついでにマウントゴックスの取引所サイトも消えてしまう事件があった
MT GOX
元社長→
当時の価値でいうと約480億円‼

当然ユーザーは取引所にある自分のビットコインを引き出せなくなり大パニック!!
わー
わー
どーゆーことだ
簡単にいうと銀行が突然破綻して口座からお金を取り出せなくなったみたいなことね
マウントゴックスの社長は
何者かにハッキングされたんです!!
と主張
が解析した結果社長がネコババしたんじゃね?との疑いが強まり社長逮捕
NMC
そして日本の報道は一斉にこう伝えた
“ビットコイン”元CEOを逮捕
こうしてビットコイン=怪しい・危険というイメージが日本中に行きわたってしまったのだ
ビットコイン破綻した!!
ビットコインやばい!
ひとつの銀行が破綻して円が口座から引き出せなくなったから日本円=危ないとはならないよね
これは完全なる誤解!!

だからね！ビットコインは怪しくないんだよ！
それに仮想通貨ってビットコインだけじゃないし！
ちひろちゃん……
なんでもいいけど騙されんなよ
ぽん
ひゅう
世間ではいまだにオカルトの域を出ないビットコイン
でも実際取引所が破綻して仮想通貨を引き出せなくなるんでしょ？
その通り！取引所に置いておくとゴックスされる可能性がなくはないのです
なので仮想通貨には「ウォレット」というものがあります
取引所が銀行だとしたら取引所にある自分のアカウントは銀行口座ね
ウォレットとはまさに自分のお財布のこと

仮想通貨は取引所に置いておかず自分のウォレットに移しておけば
ゴックスされる心配なし！
わたしがよく使うビットコインのウォレットアプリ
Blockchain
Copay
breadwallet
ETH
BTC
が……
やばい！パスワード忘れた！
秘密鍵どこいった——!!
おわった!!
ぎゃー——!! ウォレットから永遠に引き出せない!!
自分のお財布なので管理はすべて自分
なので自分のせいで引き出せなくなる「セルフゴックス」には要注意！
ウォレットにリスクはないのかって？
はい もちろん
ふつーにあるよ!!
BTC
ぽろ
ぽろ

実際のお財布も失くしたりする以外に
盗まれる可能性だってあるよね
ドロボー
同じようにウォレットもネット上にある限りハッキングされるというリスクがあります
えーやっぱ危ないじゃんビットコイン!!
って思うよね?
大丈夫!
ハッキングのリスクがないウォレットもちゃんとあるから
ウォレットには大きく分けて2つの種類があります
ホットウォレット
ネット上にある
webウォレット
スマホアプリウォレット
コールドウォレット
ネット上にない
ペーパーウォレット
QRコードをプリントアウトする
ハードウォレット
USBみたいなの
ネットにつながってるかつながってないかでちがうのね

ネットにつながっていないコールドウォレットならハッキングのリスク
ゼロ!!
それならそれで失くしそうでこわい……
自分が一番信用できない
ブロックチェーン（分散型）の特徴は銀行のように管理してくれる主体がないところ
パスワードわからなくなったので助けて下さい
はいわかりました
銀行
窓口
だからこそ誰にも縛られない自由で民主的なシステムなんだけど
自分しか管理できない分何があってもすべて自己責任!!
ここが未来!!

だからといって仮想通貨はこわいものではありません
えー あんなのガソリンなかったら鉄の塊じゃーん
スピード出すぎてこわいしアクセルとかブレーキとか操作
すぎて事故こわい
新しいものは最初はこわいもんだけど
今やわたしにとって銀行振り込みは郵便のお手紙
○○銀行
銀行
土日祝は利用できない
振り込みは9時～15時まで
引き出しも振り込みも
手数料が 100 円単位
海外送金なんかは手数料
以外に両替手数料もかかる
仮想通貨
24 時間 365 日両替可能
世界中どこへでも送金でき
送金手数料は数十円
仮想通貨の送金はメールみたいな感じ
ビットコインこわくないよ！
いえばいうほどあやしまれる
持ってるだけで価値が上下するなんて絶対ヤバいやつだよな～
ひそ
ひそ
仮想通貨がインターネットみたいに当たり前になる時代はもうすぐ！
……………のはず

仮想通貨取引のやり方

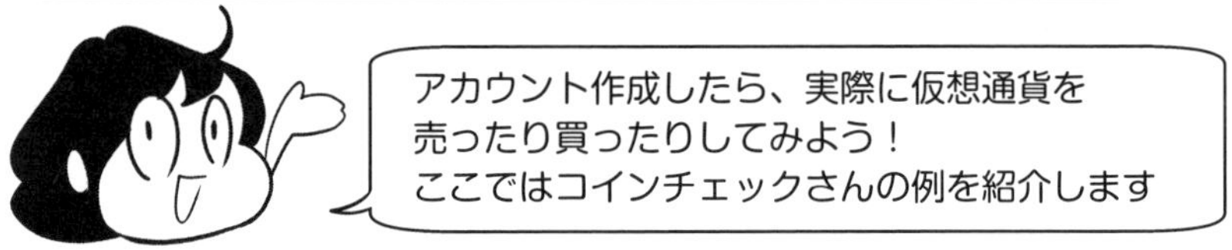
アカウント作成したら、実際に仮想通貨を
売ったり買ったりしてみよう！
ここではコインチェックさんの例を紹介します

❶日本円をアカウント口座に送金！

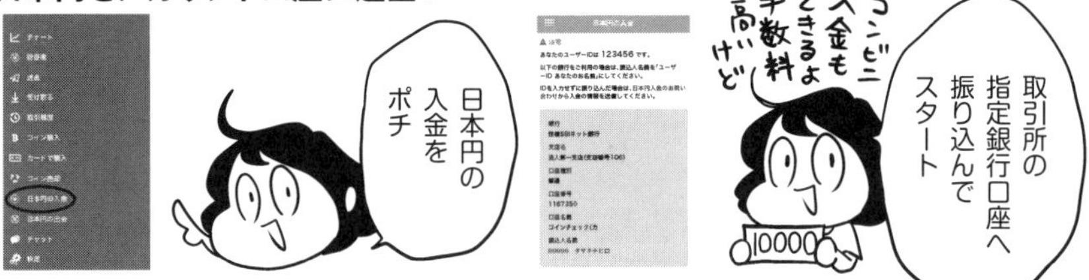
取引所の指定銀行口座へ振り込んでスタート
コンビニ入金もできるよ
手数料高いけど
10000
日本円の入金をポチ

❷コインを購入しよう！

購入成功！
総資産 568,011円
BTC 0.1 BTC
ほしいコインを選んで数量を入力
クレカでも買えるよ
高いけど

❸コインを売却しよう！

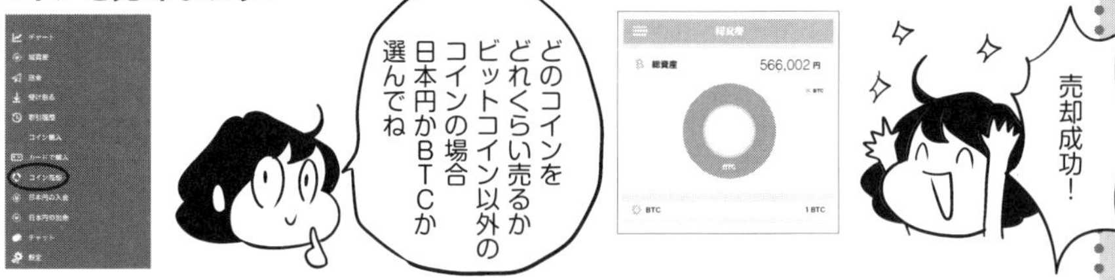
売却成功！
総資産 566,002円
BTC 1 BTC
どのコインをどれくらい売るかビットコイン以外のコインの場合日本円かBTCか選んでね

❹手数料（スプレッド）ってなに？

取引所で仮想通貨を売却するとき買値と売値に出る差額をスプレッドといいます
取引所によってスプレッドが違うので比べてみよう

■ビットコインの場合
（コインチェックさん 2017年6月）

コイン	価格	買値	売値	差額
BTC	292,198円	293,629円 (+0.48%)	290,155円 (−0.69%)	3,474円 (1.18%)

スプレッドは仮想通貨の値動きによって多少の変動があります。
アルトコインはビットコインよりスプレッドが大きいみたい。

❺日本円を出金しよう！

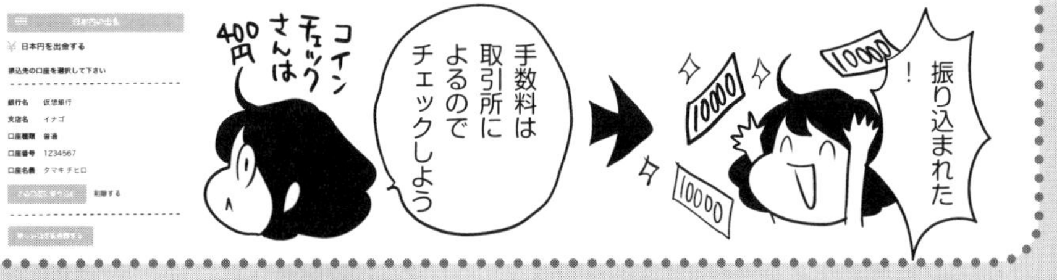
日本円を出金する
振込先の口座を選択して下さい
銀行名 仮想銀行
支店名 イナゴ
口座種類 普通
口座番号 1234567
口座名義 タマキチヒロ
振り込まれた！
10000
手数料は取引所によるのでチェックしよう
コインチェックさんは400円

第6章

仮想通貨を
とりまく罠

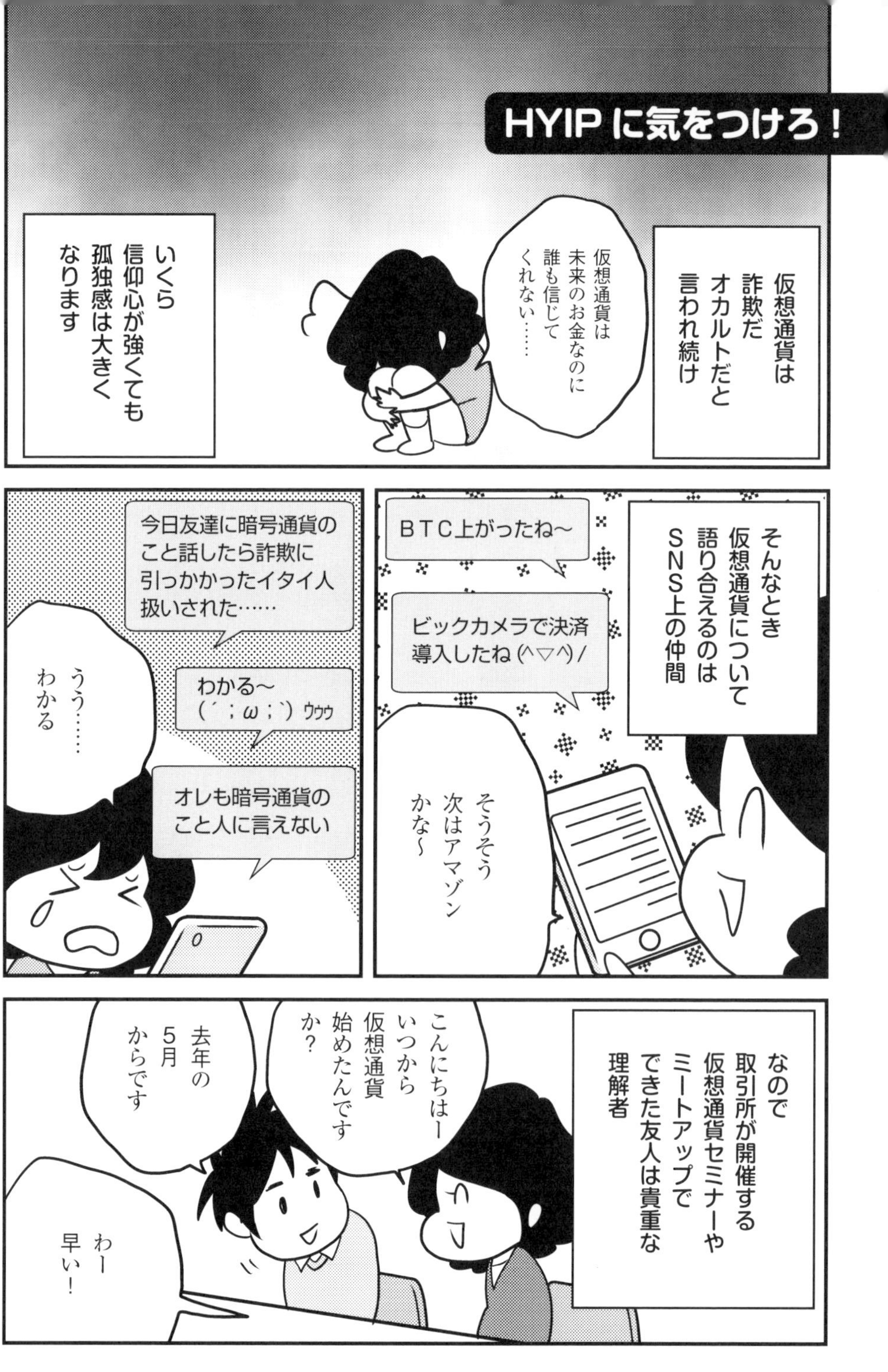
HYIPに気をつけろ！
仮想通貨は詐欺だオカルトだと言われ続け
仮想通貨は未来のお金なのに誰も信じてくれない……
いくら信仰心が強くても孤独感は大きくなります
そんなとき仮想通貨について語り合えるのはSNS上の仲間
BTC上がったね～
ビックカメラで決済導入したね (^▽^)/
そうそう次はアマゾンかな～
今日友達に暗号通貨のこと話したら詐欺に引っかかったイタイ人扱いされた……
うう……わかる
わかる～(´；ω；`)ウゥゥ
オレも暗号通貨のこと人に言えない
なので取引所が開催する仮想通貨セミナーやミートアップでできた友人は貴重な理解者
こんにちはー いつから仮想通貨始めたんですか？
去年の5月からです
わー早い！

そこは様々な情報交換の場でもあります
ＨＹＩＰ（ハイプ）って知ってます？
ハイプ？
仮想通貨を使った投資のこと最近流行ってるんですよ
ボク何個かやってるんですよ～
へーどんなの？
月利30％なんです
年利360%
100万入れたら月30万毎月入ってくるんですよ
月利………
30％…………だ……と……？

このサイトなんだけどもしやるなら紹介しますよ
紹介？
つかなんで月利30％も配当できるの？どこの会社？
うーん それはよくわかんないけど マイニングから出てる報酬らしいよ
どこの誰が何のためにやってるかわからんのに投資……？
さすがにこわいな～ 実体ないのは……
そう？ すごい儲かるのに
利益出てんだ………
最近いろいろマヒしてきた…
この時日本中でハイプブームが巻き起こっていた

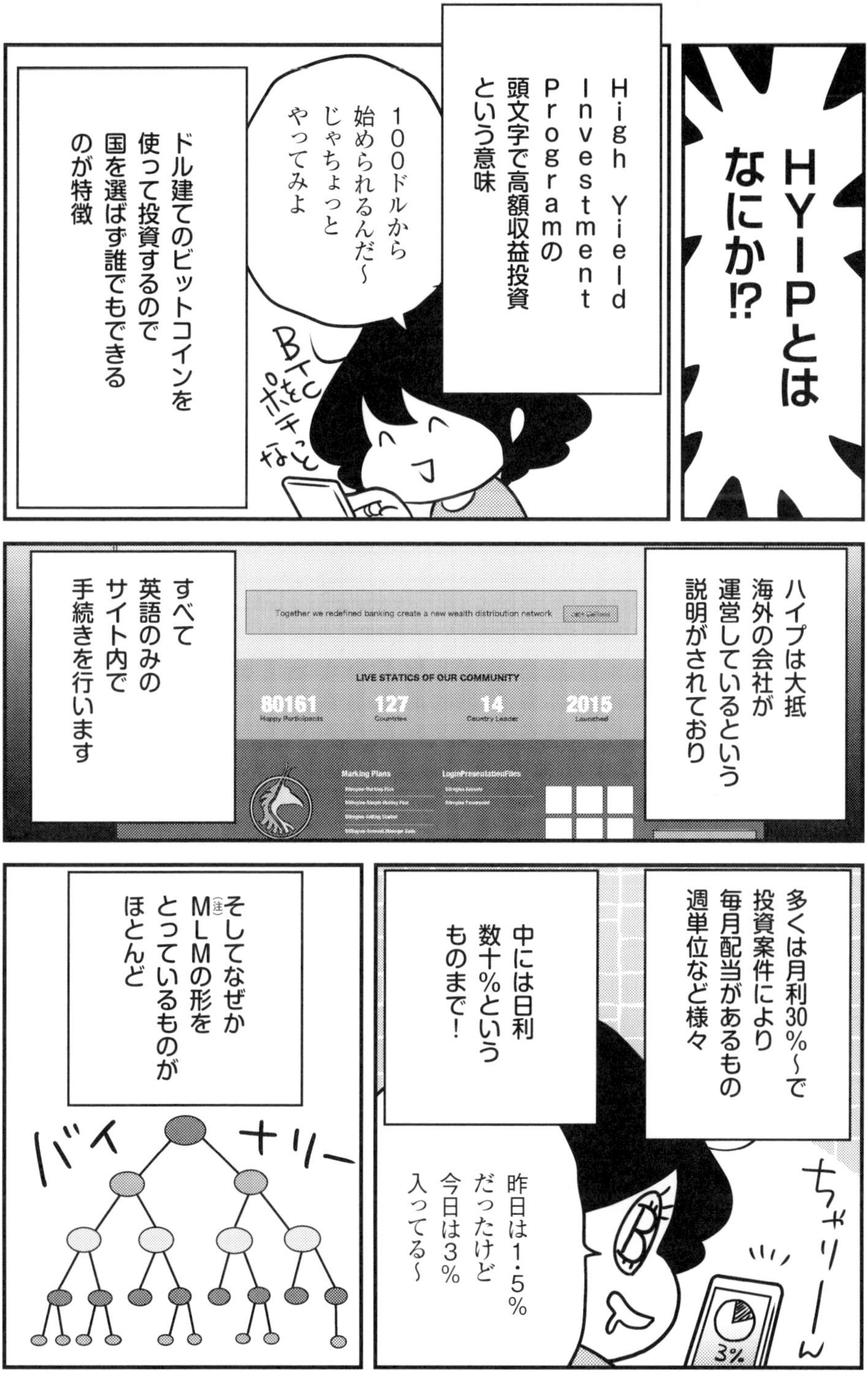
HYIPとはなにか!?
High Yield Investment Programの頭文字で高額収益投資という意味
100ドルから始められるんだ〜じゃちょっとやってみよ
BTCをポチっとな
ドル建てのビットコインを使って投資するので国を選ばず誰でもできるのが特徴
ハイプは大抵海外の会社が運営しているという説明がされており
Together we redefined banking create a new wealth distribution network
LIVE STATICS OF OUR COMMUNITY
80161 Happy Participants
127 Countries
14 Country Leader
2015 Launched
Marking Plans
LoginPresentationFiles
すべて英語のみのサイト内で手続きを行います
多くは月利30%〜で投資案件により毎月配当があるもの週単位など様々
中には日利数十%というものまで！
ちゃりーーん
3%
昨日は1・5%だったけど今日は3%入ってる〜
そしてなぜかMLM(注)の形をとっているものがほとんど
バイナリー

(注)マルチレベルマーケティングの略。連鎖販売取引、マルチ商法、ネットワークビジネスとも呼ばれる。

さあ
もうお気づきですね…?
そうです!
ハイプというのはつまり
ポンジ(注)スキームです!!
ちゅー
ポンジスキームは会員が増えてる間はお金が回ります
今月も配当あった~
が、会員が増えなくなった途端なんの前触れもなく……
え! 今月1回も配当ない!
なんで!?
つまり「飛ぶ」のです
サポートからなんの返事もない!!
でもサイトは動いてるからちょっと待ってみようとかやってるうちに何ヶ月も経ってる……
飛ばれたーーー!!
元金回収してないのにーー!!

(注)自転車操業的な詐欺の手口のこと。新たな投資家から得た投資資金を、以前の投資家に配当金のように見せかけて支払う詐欺のこと。

そら見たことか
そんな怪しいもん誰が引っかかるかい
これだから情弱は
がこんなにわか知識の情弱などハイプにはお手のもの
今日ご紹介する投資案件はブックメーカーの株を持つ実績のある実在する会社ですハイプではありません！
投資セミナー
会長
これがその会社の登記簿でこれがその会社の会長です！
グーグルマップでも会社の所在地を確認できます！
ざわ…
これは……今までのサイトだけの謎案件とは違う…！
あの…飛んだりしないんですよね…？
はっはっは
そんな信用できない会社なら勧めませんよ

月利25% くらいなので 元金回収するには 4か月くらい ですが
はっはっは
リスクがあるとすれば この会社が4か月以内に 倒産すること くらいですかねえ
まあ ないでしょー
登記簿に 2007年創業 って載ってる ……
かんたんに 潰すわけない か……
うーん MLMって 好きじゃない けど…
誰かに紹介 しなくても 配当はあるん だし……
もんもん
登記簿
住所
Googleマップ
事業内容
出所の ちゃんとした ものなら ちょっとやって みようかな……
こうして手持ちのビットコインから出た利益のうち約80万円分のBTCを投入！
るんるん
これで毎月 20万くらい 配当入る〜
ドル建て だから BTC価格の 影響ないし安心
分散投資 分散投資

ところが
資産総額
BTC ¥152,806
ETH ¥1,000
なにぃ!?
ビットコインが爆上げしとる!!
ブックメーカー投資がいくら月利25%でもこれでは……
ただ、ビットコイン持ってた方が利益があるではないか!!
情弱の大誤算その1
目先の利益に目がくらみ先が読めない
とほほ
やっちゃったもんはしょうがない……
ブックメーカー投資も1年で3倍になるし安定した投資先と思えば……
ん?
STATUS
SOLICITADO
SOLICITADO
US $ 1083.82
US $ 43.53
US $ 5.00
US $ 914.24
US $ 29.76
US $ 5.00
US $ 624.97
REPROVADO
今週入るはずの配当がない……

だんだん配当が遅れだす
今週も着金ありません
ボクもです
わたしは入会してから1回も着金してません
他の人たちもか………
運営会社からの弁明はあるものの
ビットコインのトランザクションが混雑しているため着金に遅延が発生しています。当社の運営とは無関係です。
当社のサーバーがハッキングされ約3億ドル分のビットコインが盗まれました。サーバーのセキュリティを高めるためサイトを一時中断いたします。
ネットワークの不具合により着金しないという現象が起こっています
なんだかんだで2か月も着金してないじゃん！どーゆーことよ！
3か月めにとうとう会社からの説明もなくなる
こ……これはひょっとして………
わーわー
どーなってるんだー

飛ばれた――!!
うそでしょ〜〜〜
そうこうしてるうちにBTC価格は
イマココ
1BTC 約300000円
1BTC 約110000円
約3倍に!!
いろんな意味で
ハイプに払ったBTCが3倍に…
しかも元金回収できてない…
結果大損!!

だってだって
会社の住所も
会長の名前も顔も
公表されているのに
まさか……
情弱の大誤算
その2
詐欺を甘く見てる
信用してる
友人から
聞いたから
信用したこともあり
ごめんね
友人も
被害者→
大損する以外にも
人間関係を
壊しかねないので
細心の注意が
必要である
「情弱は黙って
ホールド一択」
という鉄則を
再び痛感!!
8BTC
返して――
!!
今ならいくらだよ!?
仮想通貨そのものは
悪くなくても
仮想通貨を悪用した
ICO詐欺などの
事件が
絶えません
2017年世界を巻きこんだ
ランサムウェア
事件
このサーバを返してほしくばBTCをよこせ!!
病院や
公共機関の
サーバを
人質に
とられた
仮想通貨は
新しいもの
なので
まだ法的な整備が
遅れているのも
一因です
よくあるのが
ICO詐欺
scamコイン
価値
上がる
よ〜
公開前のコインの宣伝をしてお金集めて公開せずトンズラ

仮想通貨が将来経済革命を起こすような可能性をもつものでも
ドラッグとか人身売買とかビットコインで払わせてマネロンしたぁ〜〜
ひっひっ
ひっ
ひっ
使う人間が間違った使い方をしてしまっては意味がありません
ニュースでビットコインがどーとかって事件やってたけど大丈夫か!?
親族からわかりやすい反応がくる
ビットコインが悪いわけじゃないのになあ……
そのせいで仮想通貨のイメージが悪くなるのは悲しいことです
仮想通貨を使った儲け話は必ず疑うべし!
昨日お父さんからビットコインに気をつけろってメールきた
あたしも……
それができない情弱は手を出さないかホールド一択!
悪いのは詐欺師なのに〜
ますます肩身のせまいコイナーたち

第7章

仮想通貨バブル来る!?

情弱におすすめの気絶投資法
仮想通貨には「カンファレンス」というものがあります
カンファレンス2017
どもーイーサリアムでーす
わてらトヨタと提携しまんねん
※イメージ
簡単にいうと仮想通貨の開発チームによる発表会
カンファレンスの内容がその仮想通貨の価格を左右するため
カンファはNY時間なので日本は深夜
12時55分からZECのカンファ始まるぞー
了解
ふとん
YouTube
日本のコイナーもオリンピックかW杯さながらに夜更かししカンファレンスを見守ります
英語だから全然わからん
ん？ 今企業の名前言った？ 提携するのかな？
うおお！ ジーキャッシュが噴いてる!!
きゅいいいいいいん

発表されたと同時に急上昇する通貨が続出
持ってない
あーっ
ZECきたぞ——!!
わっしょいわっしょい
祭りだわっしょい
上へ参りまーす!!
祭
SNS内
すごい!どこまで上がるんだZEC!
ちょっと買っとくべき……
ん?
わー
わー
いきなり急降下——!!
すと——ん
フリーフォールかよー!
わー
これが伝説の2017年「Zコースター」である
このような状況ではショート組とホールド組とで対応に差が出る
わー
ガラくるぞ——!!
逃げろ——!!
(利確)
ショート組

ガラくるぞ――!!
わーわー
下へまいりまーす!!
つかまれー!!
はなすなよー!!
シートベルト締めろ――!!
ホールド組
情弱コイナーのわたくしは当然
離しません億るまで!!
第一線のホールド組
その甲斐あってか……
ぐぉぉぉぉ
うおお!イーサがまた爆上げ――!!
イーサ過去最高4万円台突破!!
わっしょい
わっしょい
祭りだ
わっしょい
買い値の53倍達成――!!

To The Moooooon
BTCをコツコツイーサに替えてきてよかった――――!!
この時点でイーサだけの含み益約1400万円!!
ETH
熱狂するカンファレンスは続く
うおおあっちこっちで爆上げしてる
ん…?
ひときわ昇龍拳を放っているコインが
なんだこれは!?
ぎゅーーん
ETH ¥420
XRP ¥8
ETC ¥2236
リップル!?

どーした
リップル
……
ざわ
ずっと
1円以下
だった
地味コインが
……
なにが
起きた⁉
リップル
キターー！
わーっ
信じてた
ぞー！
Wel come!
ざわ
ざわ
リップルとは⁉
3章で
ちょっとだけ
紹介した
時価総額第3位の
仮想通貨
3年間
沈黙していた
3年寝太郎
むく
リップルだけは
ブロックチェーンではなく
リップルラボという会社が
発行している特殊な仮想通貨で
主に銀行間の送金に
使われるブリッジ通貨です
なんか
リップル
発表あったか
⁉
あったっけ…？
ノーマーク
だった……
うーんでも
三菱東京ＵＦＪが
リップル使った
送金サービス始める
とかって発表あった
ようなないような…
リップル
9円キタ
―――!!
わー
わー

リップル9円
……?
もしかして……
これが最後の
一桁台か……?
オレ
コンビニ入金
してくる!!
だっ
うぬう!
リップルが
なんだか
わからんが
チャンスっぽい
雰囲気!!
雰囲気で
9円ジャンピング
キャーッチ!!
ぴょ
んっ
わらわら
値上がっている
ものに飛びつき買う
これが世に言う
「イナゴ」である
約20万円分の
BTCでリップル
購入
XRP
まだまだ
上がるぞ!!
11円…12円…13円…
しまった!
もっと買っとく
べきだったか!!
ぐおおおおお
くそう
こうなったら
Don't think!
Feel!!
考えるな
感じろ!!
アチョー

雰囲気で15円
ジャンピングキャーーーッチ!!
んっ
約10万円分のBTCでリップル購入
まだまだ上げる!! 16円…20円…23円……
ほぼ垂直!
バケモノか!?
いや! このへんでさすがにガラくるはず
撤退撤退
ってまだまだ上がってる!?
40円
30円
非常識すぎる!!

そーゆーことなら40円ジャンピングキャーーーッチ!!
びよんっ
わらわら
約10万円分のBTCでリップル購入
まだ上がる!!
リップル……おそろしい子……!!
ついに53円!!
わら
わら
わら
ん……?
ガッ
ガラガラ
わーーー!! イナゴタワー崩れたー!!
ガラ
一気に30円台ーー!!
ガ

やっぱり15円でやめときゃよかった〜
こうしてめでたくリップル9円・15円・40円ホルダーに
焼かれたイナゴたち
53円ホルダーです
このとき同じく高値掴みをしたイナゴ続出
お気の毒に……
その後20円台までリップル下落するもリップラー勝利!!
こちとら0・3円から3年握ってんだよ
リップル
20円台でも年収分利益出たわい
オレも－
こういう勇者たちで支えられてるんだね仮想通貨って……
ちなみにリップルを愛してやまないリップラーはリップルが特殊なコインだけにちょっと特殊
リップル高騰すると
えー上がっちゃったら買い増せない〜〜下がってくれー
リップル下落すると
よしっ買い増しチャンス!!
買い増し買い増し!
XRP
XRP

あたしはリップラーじゃないけど
ばたっ
リップル40円になったら起こして
情弱はホールドして放置！これが世に言う「気絶投資法」である
このカンファレンスによる春のコイン祭りで仮想通貨市場最高の時価総額を記録
あっちこっちで億り人続出
OLさん
フリーター
なんやかんやでこのとき総資産（含み益）約1700万円記録!!
2017年は仮想通貨元年といわれています
リップル上がるって聞いたんでちょっと買い増したー
始めたばっかで
それはオーガーだよ!!
REP
オーガーREP
リップルXRP
ご新規さんあるある
このときぼんやりと「ああ…本当に新しい時代が始まるんだな……」と実感しました

第8章

仮想通貨受難のとき

ハードフォーク問題勃発！
激動の仮想通貨元年
4万6千
8千
4万6千円
カンファレンスバブルに続き6月のICOバブルによりイーサリアムさらなる爆上げ!!
仮想通貨投資を始めて6か月
時代キター！
元金2000万がついに約20000万!!（含み益）
【ICO】
仮想通貨を活用した資金調達法。資金を調達したい人は独自のコインを発行し、世界中から仮想通貨で資金調達を行うことができる。投資家は独自コインが仮想通貨取引所に上場する前に買う（投資）ことができる。
日本の取引所にはないマイナーコインを海外の取引所で買ってみようかなー
ビットコインがビックカメラやLCCなど様々な決済に普及してきた矢先
欲がどんどん出る

その問題は
やってきた
crypto currency
News!
BTC分裂か
ハードフォーク
ビットコイン
ハードフォーク
?
ついに
おそれて
いたことが
……
それは
2016年から
議論されてきた
ビットコインが
抱える問題
でした
それまで
ビットコインは
渋滞することなく
送金できていた
のですが
すい
すい
2017年に
入り急激に
ユーザーが増えた
ことで送金に
渋滞が発生
手数料も
送金時間も
増えてしまい
ました
ブップー
ブー
パッパー

もともとの容量が少ないことが問題となる「スケーラビリティ問題」が発生したのです
始めたばっかの頃は10分で送金できたのに今は1日かかる！
イラ
イラ
これではビットコインを決済に使えません

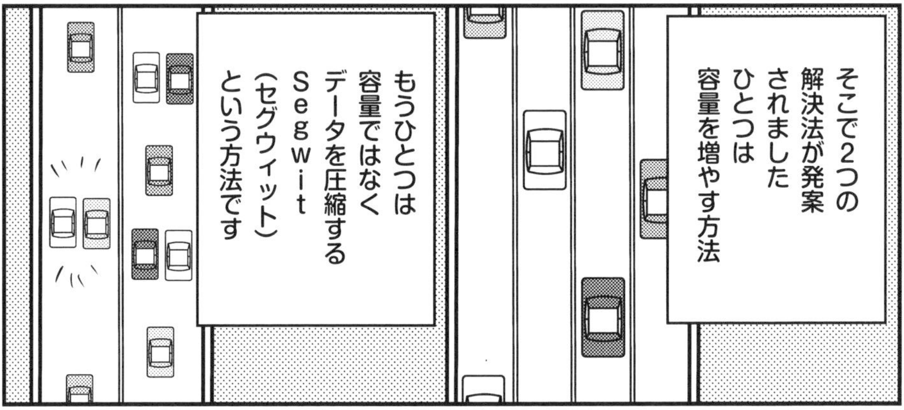
そこで2つの解決法が発案されましたひとつは容量を増やす方法
もうひとつは容量ではなくデータを圧縮するSegwit（セグウィット）という方法です

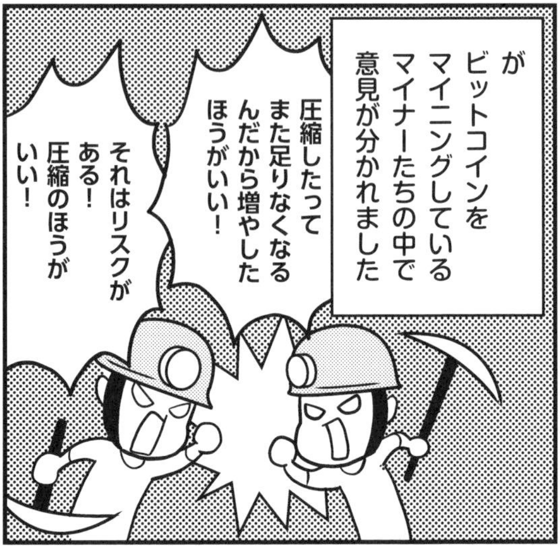
がビットコインをマイニングしているマイナーたちの中で意見が分かれました
圧縮したってまた足りなくなるんだから増やしたほうがいい！
それはリスクがある！圧縮のほうがいい！

【マイニング】
ビットコインはマイニング（採掘）という10分に1回取引データが認証されることによって発行される。このマイニングには膨大な数のコンピュータが使われ、世界中にマイニングのための施設がある。

【マイナー】
マイニングする人、団体。

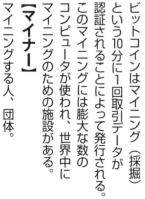

データを圧縮するSegwitという方法を導入するにはマイナーの80%の同意が必要ですが
ビットコインシェアの40%をマイニングしているマイナーがSegwitに反対したため決裂
オレはやんないよ
えーーっ
ビットコインには管理者がいないためこうした大きな力を持ったマイナーが主導権を握ってしまうのが痛いところです
ビットコインの生みの親 謎の人物 サトシ・ナカモト
……
そんなこんなで残された解決法
それがハードフォークです
つまりビットコインを2つに分岐(フォーク)させる方法です
圧縮派
今までのBTC
容量増量派
実はこのハードフォークを過去に実行した仮想通貨があります
そう

それがイーサリアムとイーサリアムクラシック!!
兄
弟
ETH
イーサリアム
イーサリアムクラシック
ETC
仮想通貨界のキングビットコインのハードフォークはまさに仮想通貨史始まって以来の一大事
誰にも縛られないことがビットコインの良いところなのに
マイナーに振り回されたら分散型にならないじゃんね
うんざり
暗雲が立ち込めるビットコイン界隈
そういえば去年イーサ買ったときはちょうどイーサがハードフォークした後で下落してたときだったんだ
ということはビットコインもいったん落ちるのかな
オレはいったん利確するわ
オレは何があってもホールド!
あたしはアルトコインに避難する
ビットコインの行く末を案じそれぞれの道を進むコイナーたち

このまま
ホールドするのは
どうなるか
わからなすぎて
こわい……
それに……
情弱だから
思えば
初めて買った
仮想通貨は
ビットコイン
……
8万円台から
30万円台まで
よく育って
くれたなあ
……
よしよし
じわ
離したく
ないよう!!
わーーん
ひし
特別な
思い入れのある
コインとの別れは
思ったよりつらい
ものです
でも……
でもこの嵐を
乗り切るには
いったん離れなくちゃ
ならないの……
わかって
ちょうだい
……!
もはや
子供を手放す
親の心境

フォーク問題が落ち着いたら迎えに行くからね〜〜〜〜!!
それまで待ってるんだよ〜〜〜〜!
こうしてイーサ　リップルに8対2でビットコインを振り分けしばしビットコインと別れを告げた
よし!フォークに対して万全の態勢!あとは……
フォーク終わったら起こして
必殺昼寝絶法!!
ばたっ
7月下旬〜8月上旬に実装されるハードフォークに向け下降態勢に入るビットコイン
ガラ…
ガラ…
始まったか……
ごくり
どこまで落ちるんだろう………

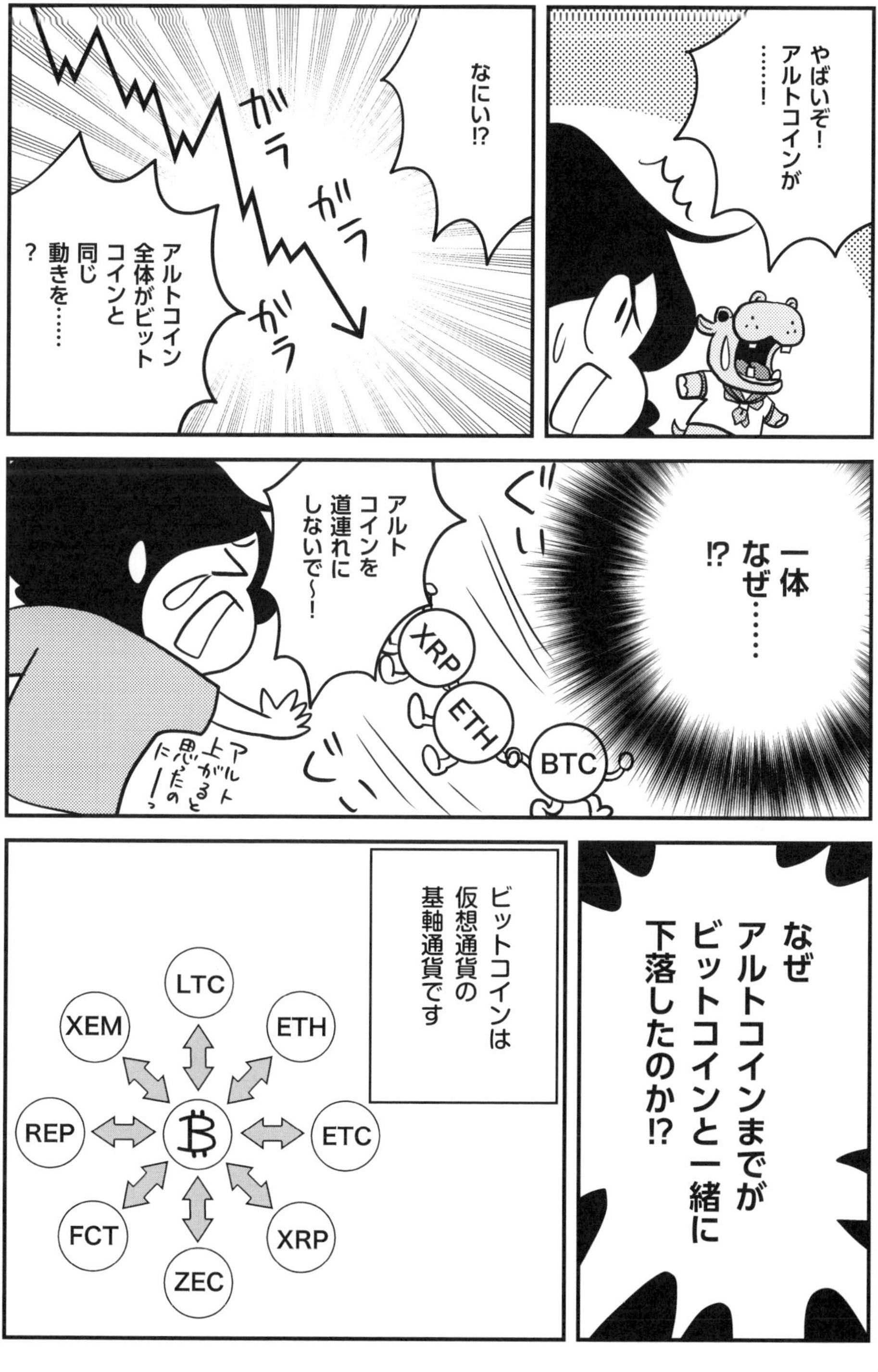
やばいぞ!
アルトコインが……!
なにい⁉
ガラ
ガラ
ガラ
アルトコイン全体がビットコインと同じ動きを……?
一体なぜ……⁉
ぐい
アルトコインを道連れにしないで〜!
XRP
ETH
BTC
ぐい
アルト上がると思ったのにーっ
なぜアルトコインまでがビットコインと一緒に下落したのか⁉
ビットコインは仮想通貨の基軸通貨です
LTC
XEM
ETH
REP
ETC
FCT
XRP
ZEC

フィアット（法定通貨）でいうところのアメリカドルと同じ
すべての通貨に介在しているのが基軸通貨です
HA HA HA HA
¥ £ € $
つまり
そう FXやってる人はよく知ってるはず
基軸通貨が下がると
ぎゃ〜〜〜!!
ガラガラガラガラ
ETH
XRP
ETC
アルトもガラきた——!!
全体が下がる!!
アルトコインに逃げた意味なし!!
そうか…イーサのフォークと違う点はそこか……
うう……やむなし! このまま嵐が過ぎるまで気絶一択!
ん…？

ペカ〜〜
なんだ…? ひとつだけ上がってるコインがある……
あれは……
あれは……
ライトコイン!!
そうか! ビットコインが金ならライトコインは銀といわれるコイン…
つまり不安定なビットコインに代わるコインとして株が上がってるのか!!
しかもライトコインはビットコインではかなわなかったSegwitも導入してる!
もってない〜
しまった そうきたか——!!
このとき かの大手企業 Amazon が ライトコインで決済が できるよう 署名活動されたことが 一因と見られる

見ろ！
あっちにも！
む!?
あれは……
モナーコイン!?
モナーコインとは!?
2ちゃんねるでおなじみのネコのアスキーアート「モナー」の名がつけられ2ちゃんねるのソフトウェア板で開発された仮想通貨
オマエモナー
ライトコインをベースにしていてSegwitも導入されている何気にちゃんとしたコインである
そうだ！
モナーコインはもうすぐ半減期だ！
イマココ
しまった——
それでか——!!
買っとけばよかった——!!

さすがの
情弱気絶ホルダーの
わたしも
仮想通貨デビュー以来の
ゴォォォォ
不安
MAX!!
もう
仮想通貨はオワコンだな
基軸通貨に問題ある時点で
成長するとは思えないね
欲
仮想通貨は
新しいものなんだから
長い目で見なきゃダメだよ
未来に投資したんじゃ
なかったの？
マイナスになる前に売れ!!
このままホールド!!!
あぁあぁあ
試される
信仰心
!!

【半減期】
マイナーがマイニングによって受け取れる報酬額（新規コイン）が半分に減ってしまうことを言います。半減期は大体「4年に一度」の頻度で起き、徐々に採掘量を減らしていくことによって価格が安定的に上昇していく可能性が高まります。
半減期を迎えるとマイナーは同じ投資額（電気代・マイニング機器代など）に対して得られる仮想通貨の報酬額が半分になります
マイナーは仮想通貨の価格が倍で売れないと採算が合わないので市場はマイナーが半減期の価格の倍で売りに出すと予測します
ビットコインの場合
2100万枚
50% 1050万枚
25% 525万枚
12.5% 262.5万枚
6.25% 131.25万枚
実際半減期後に価格が倍になった
わたしのような投資シロウトが多い仮想通貨界
アルトもシロウトの狼狽売りが止まらん!
フィアットに避難だー!!
損切りだー!
わー
わー
わー
どこまで落ちるんだ――!!
フォークによる混乱を極める
そんな中イーサリアムに数十億に上る大口売り発生!
ぎゃー! 一気に売るなー!!
すとーん
15000円
総資産（含み益）ピーク時の半分以下約900万円まで減少!!

ビットコインのフォークによる冷え込みで仮想通貨界お通夜
ちーーん
がこのような混乱期は実はチャンス
待ってました!
今のうちに買い増しだー!
夏のバーゲンセールやー
仮想通貨は長期でみたら右肩上がりの可能性が高いマーケット
これが正しい信仰心のあるべき姿
XRP
XRP
BTC
ZEC
BTC
XEM
ETH
FCT
ETC
ETH
情弱投資バージョンだったわたしは最初に全力で投資資金をつぎ込んでしまい
買い増したくても弾がない……
実弾ゼロ
下がったら買い増せる資金は残しましょう
気絶一択!
ばた

そんなある日
おい！起きろ！
はっ
フォークした？
いや…まだなんだが……
ビットコインが……
ギュイーーーン
なにぃ!?上がってる！
じゃアルトコインも……!?
しょぼーーーん

な……なぜだー!!
号外～号外～
号外
Bitcoin Cash
実装へ！
分裂！
ビットコインキャッシュ……？
なになに？ビットコインが分裂しビットコインキャッシュが誕生することが決定
BTC
BCH
BTC
なおビットコインを持ってるコイナーは取引所によってはビットコインと同じ枚数のビットコインキャッシュを付与………
BCH
え！ビットコイン持ってたら新しく分裂したコインもらえるの!?
イーサリアム兄弟分裂の時もイーサリアムを持っている人にイーサリアムクラシックが取引所から配られました
ETH
ETH
ETC

なるほど……
BTC持ってると
新しいコイン
もらえるから
BTCだけ
上がってるのか…
ドドドド
BTC
わたしも
分裂記念に
1枚もらって
おこー
1BTCだけ
リップルから
戻す
BTC
XRP
アルトコインから
ビットコインに
資金が流れてる
……
みんな
考える
ことは同じ
だね
BTC
ALT
そして
ついに……
ふぎゃ…
ビットコインから
分裂した
ビットコインキャッシュ
（BCH）誕生!!
おぎゃー
おぎゃー
おぎゃー
BCH

ついに生まれた!!
BCH
仮想通貨の歴史的瞬間だ―――!!
しかもこの子すでに1枚当たり8万円の値がついてる!!
BCH
80000円
そして早くもものすごい勢いで売られてる―!!
BCH
売られた先は……?
フィアットではなくビットコイン!?
爆上げ!
BTC
ドドドドド
ビットコインから分裂したコインがビットコインに吸収されてる――!!

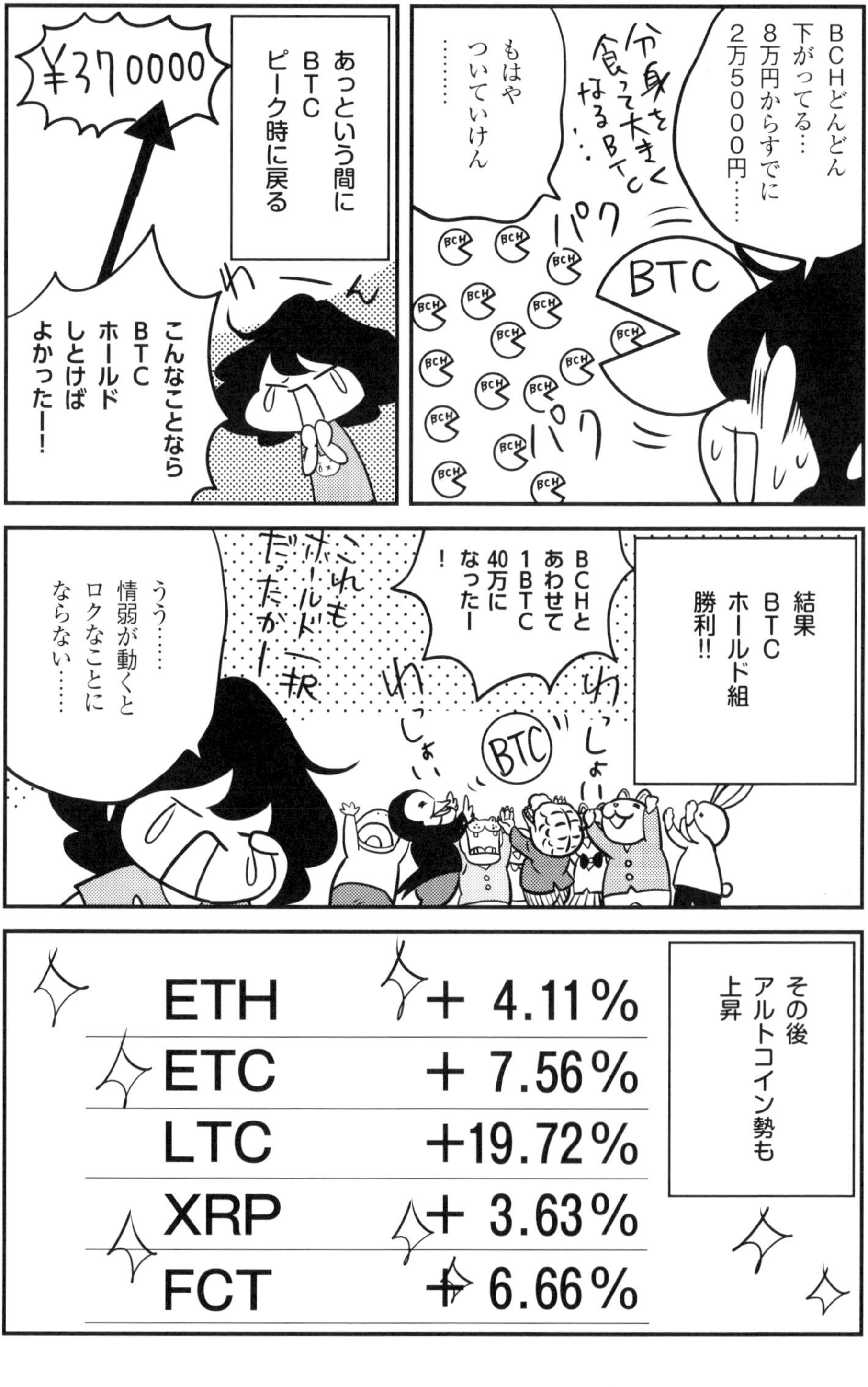
BCHどんどん下がってる…8万円からすでに2万5000円……
分身を食って大きくなるBTC…
もはやついていけん……
BTC
パク
パク
BCH
あっという間にBTCピーク時に戻る
¥370000
わーん
こんなことならBTCホールドしとけばよかったー!
結果BTCホールド組勝利!!
BCHとあわせて1BTC40万になったー!
これもホールド一択だったかー!
わっしょい
BTC
わっしょい
うう……情弱が動くとロクなことにならない……
その後アルトコイン勢も上昇
ETH +4.11%
ETC +7.56%
LTC +19.72%
XRP +3.63%
FCT +6.66%

久々だなあ
この光景
……………
やっと以前の
活気のある
マーケットに
戻ってきたな……

わたしの場合
イーサリアム800円
ビットコイン8万円台
リップル9円・15円で
買ってるので
持ってさえいれば
マイナスになる可能性は低い
苦難に
耐えて
待ってて
よかった
………
じわ…
XRP
ETH
BTC
CH
右肩上がりの
マーケットである
限り
コインの
保有枚数が命!!

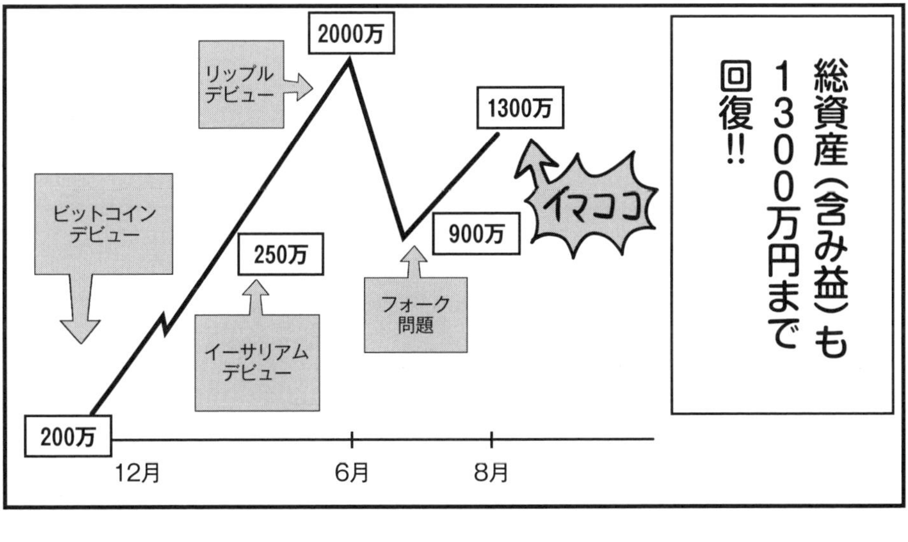
総資産(含み益)も
1300万円まで
回復!!
2000万
リップル
デビュー
1300万
ビットコイン
デビュー
イマココ
900万
250万
フォーク
問題
イーサリアム
デビュー
200万
12月
6月
8月

その後 5月から 落ち込んでいた ネム(XEM)や オーガー(REP)が 急騰!!
ICOで ネムが使われる ぞー!!
XEM
持ってない
他にも 新しいコインの 登場などで 仮想通貨界に 賑わいが戻り
ついに 仮想通貨全体の 時価総額 史上最高の 1500億ドルを 記録!! (2017年8月時点)
わっしょい
わっしょい
祭
祭
祭
ひとまず 一難去った 仮想通貨界
実はまた 11月に フォークが あるらしい けどね
ま ホールドで
BTC
激動の時代は まだまだ続く !!

第9章

仮想通貨とお金の教養

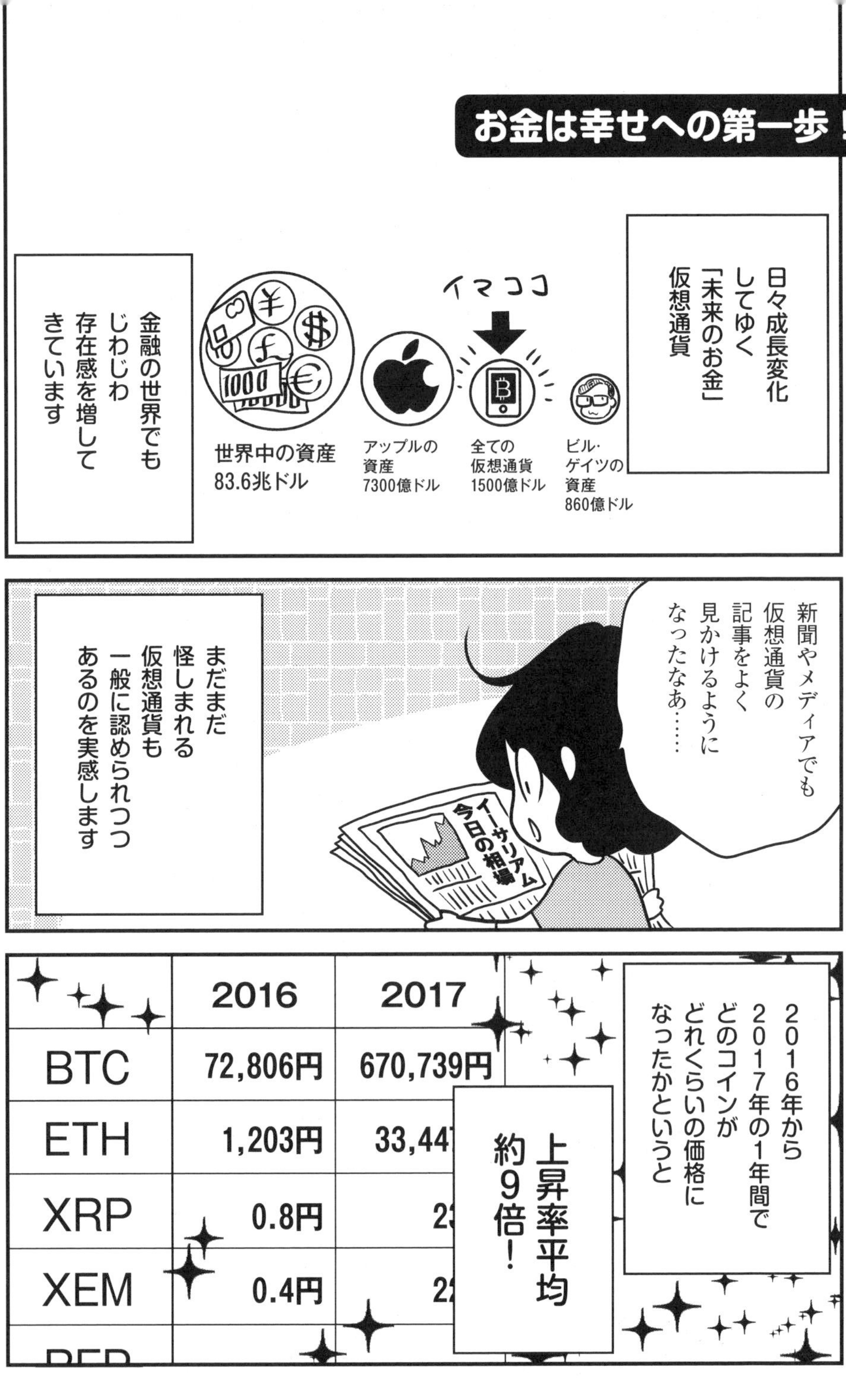
お金は幸せへの第一歩！
日々成長変化してゆく「未来のお金」仮想通貨
イマココ
世界中の資産 83.6兆ドル
アップルの資産 7300億ドル
全ての仮想通貨 1500億ドル
ビル・ゲイツの資産 860億ドル
金融の世界でもじわじわ存在感を増してきています
新聞やメディアでも仮想通貨の記事をよく見かけるようになったなあ……
イーサリアム 今日の相場
まだまだ怪しまれる仮想通貨も一般に認められつつあるのを実感します
2016年から2017年の1年間でどのコインがどれくらいの価格になったかというと
上昇率平均約9倍！
2016 2017
BTC 72,806円 670,739円
ETH 1,203円 33,44
XRP 0.8円 2
XEM 0.4円 2
RFR

わたしの場合
働きたくない！
人生につかれたも～いや
というクズな動機で始めた仮想通貨投資でしたが
ぎゃあ～
ゴゴゴ
それは決して楽な道のりではありません
「働かずに稼ぐ」にはそれなりの労力も時間も費やすもので
ばったり
ちょっと休ませて………
それなりに消耗しましたもちろん損をするリスクもあります
投資バージンで情弱ながらも約900％という含み益を出して学んだことは
少なくても仕事しただけいただける労働報酬って尊い………
というものすごく当たり前のことでした
ほんとバカだね

がしかし!!
不労所得は ないより あった方が良いに 決まってます
人生 いついかなる 事情で 働けなくなるか わかりません
病気 事故
スランプのマンガ家
描けない!
どんな投資も リスクは ありますが
悪い例
虎の子全部つぎこんで億ったる!
うらぁ
たぶん良い例
毎月収入の10%を投資にまわそう
最低限の知識を持ち 無理のない予算で 計画的に運用すれば 単に貯金しておくよりは お金が増える可能性が 高まります
とくに 仮想通貨投資（投機）は 1000円からでも 始められ
株とかFXは 種銭がそれなりに 要る
10万くらいないとダメだ〜〜
10万
利益が出るまで 時間がかかる
これ儲かる前に寿命くるんじゃ……
なんか 難しい
株 FX
初心者でも ハードルが低い といえるでしょう

実は
仮想通貨を
法律で認めた
国は
日本が
世界初なんだよ
日本ほど
仮想通貨取引の
インフラが
整っている国は
ありません
取引所の
アプリが
あって便利
安心
安全
日本の
取引所は
金融庁の
認可済み
Coincheck
bitFlyer
国が
仮想通貨
取引の
ベンチャー企業
を応援
仮想通貨
事業を
起業しよう
!
この
インフラのおかげで
日本の仮想通貨は
世界の50%シェア
日本に
生まれて
よかった
——!!
しかもまだ
ユーザーの少ない
仮想通貨はそれだけ
ライバルも少ないので
もちろんハイリスクだけど
シロウトでもワンチャン
あり!
えーでも
投資なんて
ギャンブル
なんでしょ?
こわい
って
思ってる人
いるよね?

自分の貯金や年金は銀行や国が投資に回して運用してるって知ってた!?
国だって投資してるんだよ
どーーん
魚を釣るには釣りの技術が必要だし
モテるには異性について勉強しなきゃいけないのと一緒
つまらん
えっ女ってガンダムの話ダメなの!?
この魚はルアー使う
イカのエサはササミ
お金を増やすにはお金の知識や仕組みを知らなきゃね
なんでもそうだけど「こわい」ことって知らないからこわいの
出たー!!
なんだおまえか
にゃー
知ってしまえば対策をとる方法がわかってこわくなくなるもん

さて
仮想通貨は
投資という
接し方もあるけど
実際に
ビットコインを使って
みるのも楽しいよ
ビックカメラや
LCC
HISなど
ビットコイン決済
ができるお店は
2017年には
約30万店舗に
ビットコイン
使えるレストラン
増えたー
ビットコインで
焼肉ー!
それに
ビットコインは
割り勘や集金に
うってつけ
!!
おつり
でないし
ひとり
4260円
このアドレスに
送ってねー
現金
なくても
曜日も時間も関係なく
個人間の送金が
クリックひとつで
その場で完了
どーですか
幹事さん!
個人的には
屋台のお店なんか
ビットコインで
払えると便利だなー
と思うんだよね
はいよ
QR
コードで
ピピっとな
どーですか
屋台のご主人!

海外では
すでにビットコインで
不動産を売買できる
ようにする
動きも
ロシア
ドバイ
海外への送金手数料や
その国の通貨レートを
気にすることなく
両替も必要ない仮想通貨は
こういう買い物に
うってつけ
とはいえ
まだまだ
進化の過程にある
仮想通貨
ビット
コイン
？
あやしい…
……
世間で
流通するのは
もう少し
時間がかかりそう
です
カンタンな仮想通貨投資は
お金儲けの手段というより
投資ビギナーの練習に
ぴったり
リスクやリターンを学ぶ
お金の勉強の
第一歩として
考えるとよいかも
わたしは
将来性のある
アルトで
ワンチャン
狙ってるけどね
推しメン
イーサリアム君
800円
ピーク時
46000円
ジャニーズJrとか
地下アイドルの
推しメンみつけて
応援するのと似てる
きゃー
きゃー
うれしいけど
手が届かない
スターに…

ここで大事なお金の教養！
投資で利益が出たら？
はい 億いった人 手ェあげて
はいそうです当然税金がかかります
ひーーっ
FXや株など投資によって税制は違いますが仮想通貨の場合
国税庁のお達し
【平成29年4月1日現在法令等】
ビットコインを使用することで生じた利益は原則として雑所得に区分されます。
(所法27、35、36)
税率に関しては利益によって違うので各々ググってくれ
じゃあ日常利用やアルトコインについてはどーなるの？
そう仮想通貨については税制もまだ確立していないのが現状
なぜなら仮想通貨は
10000
通貨でもモノでもない第3の立ち位置だから

(注)仮想通貨は、電子マネーでもなくポイントでもなく、新しく「仮想通貨」と定義された。

なにせ今まで歴史になかったもんだから
仮想通貨は国家にとって未知との遭遇
ぷぅぅ
くさっ
え! 頭がお尻だったの!
仮想通貨自体進化の過程にあるので法整備はまだまだこれから
ばぶばぶ
だいぶ大きくなったなー 税制変更するか
というわけで利益が出たらお近くの税務署へご相談を
確定申告をお忘れなく
投資とはお金に働いてもらうこと
¥1000
自分で働かなくてもよいのでこういう方は勉強しといて損はないよ
子育て中で仕事ができない
シングルマザーでお金も時間もキツい

【出所】世界経済フォーラムによる2016年版「グローバル・ジェンダー・ギャップ指数」より
1位　アイスランド
2位　フィンランド
3位　ノルウェー
4位　スウェーデン
111位　日本
日本は男女の平等ランキングが144か国中111位の国
100%
73%
女子は男子のお給料の73% つまり女子は1年のうち3ケ月分くらいタダ働きしてる計算 しかも給料上がらない
空
日本の女子にとってかなりキビシイ世の中だよね
そもそも人の不安とか問題ってのは
ブラック会社やめたいけど再就職できるか不安
モラハラ夫と離婚したいけど生活費が……
金さえあれば8割は解決します!!
解決
えーでもー恋愛の悩みはお金じゃ解決できないじゃーん
ぶー
ぶー
ほう女子諸君悩みを言ってみたまえ
彼氏ができません
なるほどどんな彼氏がほしいの?

ハイスペ男子
年収一千万以上で背が高くてイケメンで浮気しなくてやさしくて（以下略）
…………
なんでお金持ちがいいの？
結婚して子供生まれたらあたし仕事できなくなるし子供にお金かかるし貧乏な生活したくないもん
…………
つまりその悩みって恋愛の悩みじゃなくてお金の悩みだよね？
あれそーなのかな
このように女子の場合恋愛の問題とお金の問題がごっちゃになってることが多い気がするの
はい女子のみなさん胸に手をあてて
将来が不安だから結婚したい
なかなかハイスペ男子と出会いがない
節水
節約
節電

じゃあもし自分にお金があったら？
じゃあ結婚とか別にしなくていいわー
ばい
ばい
じゃあお金持ちじゃなくてもイケメンならいいや
じゃね～
こうならない？
お金持ちより!
イケメンのがいいなって思うよ
男子も然り
金があるならこんなブラック会社とっとと辞めてじっくり次の仕事探そう
金があるからモテるはず！
魔法少女
それはどうかな
それにね女子諸君
残念なお知らせだけど
ハイスペ男子は自分の収入の7割稼ぐ女か
実家が金持ちの娘と結婚するって知ってた？
少女マンガはファンタジーだよ
えーーー!!

うそっ うそだと言ってー!
かく言う わたしは バツイチですが
離婚したいときに 離婚できたのは 自分にお金が あったからです
結婚も離婚も 自分を守るために お金は不可欠
リコンの理由も カネ問題
金
21世紀の女子に必要なのは
愛
金
婚活と同時進行で
マネ活!!
労働報酬以外に 不労所得が少し あるだけで
次の行動を 落ち着いて 考えたり
準備する 時間が 持てたり
精神的にも 経済的にも 余裕が生まれます
仕事やめて 自分を 見つめ直そう
やっと整理できた! まずは試しにやってみよう!

幸せって
なんだろう
……？
中2マインドな
わたしはよく
考えます
そしてそれは
感情的に
納得している
状態
つまり
「心の持ちよう」
だと
思っていました
そうじと
盛り塩と
吉方位と
でも
はたして
それだけ
でしょうか
？
スランプで
描けない上に
出版不況で
シャレにならないほど
仕事も原稿料も
減ったよう
この状態が
長引けば
まっしろ
バイトしても
お金足りない
……
明日食べる
ものがない
……
いや　でも
幸せは気持ちの
持ちようだから
この状態でも
幸せに

なれるか――――!!
死ぬわ!!
幸せは気持ちの持ちよう以前に
一定のお金がなければ成り立ちません!!
お金があれば幸せになれるわけではないけれど
幸せは間違いなくお金の上にあるものです
こんなもの!
幸せになる法則
スピリチュアル
精神論で腹がふくれるか!

お金って
自分の命が
かかってるのに
わたしお金のこと
なにも知らない
――‼
ガーン
そう
気づいたのは
仮想通貨に
触れてから
この
仮想通貨投資は
わたしの
お金についての
考え方を
大きく変えました
金利って
なに？
へー
国によって
違うんだ
「お金」は
唯一自分一人で
作れる財産です
恋愛とか
家族とか
子供とか
一人じゃ
作れない
ものの方が
多いのよね
人生って…
ちなみに
ひとり焼肉も
一人じゃ行けない
ボクが
いるよ
仮想通貨取引だけでなく
お金や投資についての
全般的な知識が
自分を助ける
財産になります
金融界の
最先端技術である
仮想通貨に触れると
スイスなんて
ハイジの
イメージ
しかなかった
けど
スイスが
ビットコインで納税
できるように
なるのか〜〜
ハイパーな
国だね
世界の
最新の流れも
同時に知ることが
できて楽しいよ

わたしたちが
日々触っている
お金のその先に
お金って
SF!!
全ての人間と
世界がつながっている
と思うとワクワク
しませんか?
2017年は
仮想通貨という
未知なる惑星に
初めて人類が
足を踏み入れた状態
この先どんな
進化を遂げるのか
楽しみですね
はっはっはっ
ま、
2018年も
安泰でしょ~
ちょっと
待った
――!
わ!
誰!?

未来から来たおまえだ
はあ……
で未来から来たわたしが2017年のわたしに何の用で?
仮想通貨が安泰だなどと思っていると痛い目に遭うぞ
え! 2018年は仮想通貨なくなってんの!?
そういうことではない
発展していくからこそ発生するリスクというのがあるのだ
2018年はズバリ
ハッキング元年!!

2017年も ハッキング被害は たくさんあったが
ない!
ウォレットから消えた!!
2018年は 仮想通貨のユーザーが 増えるとともに ハッカーに狙われやすく なるのだ
まじかー どーしたら いいのー!
案ずるな 基本的な ことで 防げる
まずは 秘密鍵の 徹底管理は もちろん
二段階 認証は マスト!!
二段階認証アプリがあるぞ
あとは 2017年にも ちらほら 出現した偽サイト!
くりそつ
正 Blockchain.info/
偽 Blockchain.com/
本物だと思ってログインしたらパスワード盗まれたー!
これはこの先 大量に発生するから 要注意だ!!

あとは仮想通貨の勉強会やセミナーといった場所にも注意だ
仮想通貨セミナー
必ず儲かる
グループです
最近はLINEグループもなんか増えてる
儲け話ばかりしたりＭＬＭの形をとっているならまずは疑おう
主催者や関係者の経歴や評判など事前に調べるなどして対策をとるべし
そしてたぶん一番多いのがこれ
ＩＣＯ詐欺!!
ICO
カンタンにお金が集まるＩＣＯは詐欺の温床
今プレセールで買えば値上がり確実ですよ
いつまでも取引所に上場せず返金にも応じないトラブルが続出しているが規制がないので巻き込まれないよう警戒すること
きな臭い話ばっかだなあ２０１８年
ますます仮想通貨があやしまれるじゃん
仮想通貨だから危険なのではない
どんな投資であれこの世の金のにおいのするあらゆるところにドロボーは集まるものだ
お
金のにおい

カモられたくなければ最新情報をマメにチェックし感度を良くすること！
SNSとか
ふーんてことは仮想通貨はこの先も盛り上がるってことか
詳しいことは時間管理局によって禁止されてるから言えないんだが
どんだけ未来から来てんだよ
アドバイスはしておこう
ビットコインについて言えば着実に経済圏が広がっていく
クラウドファンディング
不動産
水道光熱費
ANA
LCC
ビックカメラ
レストラン
募金
が仮想通貨全体においてはこの先安定期があったり下がるリスクも当然ある
2017年現在

どの通貨も
上げ続ける
わけではない
クズコインも
死ぬほど
ある
どのコインが
将来実際の経済で
役に立つのか
見極めねばならんぞ
なるほどです
肝に
銘じます
うむ
コインも
ICOも
精査するんだぞ
じゃ
あ
ちょい
待ち!
2018年は
ステキな
ダンナ様は
いるのかしら
?
ボーイズラブに
出てくるラブな
メガネくんみたいな～
…………
ちょっと
!
ぱたん

おしえて！
ともあれ
投資は楽しくリスクを知ったうえで自己責任で！
ではわたしの虎の子はいくらになったかな？
現在総資産額(含み益)
ちーん
2016年11月
2017年11月
200万円 → 18,025,362円
詐欺られてなければもっと増えてたのに!!
気絶
ばたっ
というわけで億り人になるまでホールド

［用・語・解・説］

【暗号通貨】
公開鍵暗号などの暗号技術を使ってインターネット上で流通する通貨のこと。英語では、Cryptocurrency。cryptoは暗号、currencyは通貨。仮想通貨とほぼ同義で使われている。

【ウォレット】
ウォレット（財布）とは、ビットコイン（仮想通貨）を入れておく「自分専用の銀行口座」のようなもの。パソコンやスマートフォンなどのウェブ上につくるホットウォレットと、ウェブ上とは切り離されたコールドウォレットの大きく分けて2種類がある。

【仮想通貨】
仮想通貨とは、日本円や米ドルなどの法定通貨に対し、特定の国家およびその他の者による価値の保証を持たない通貨である。暗号を使用した「交換するための媒体」で、オンラインサービス上で経済活動を行うことが可能な貨幣価値を持つ、物体のない〝仮想〟の通貨のこと。暗号通貨の一種であり、デジタル通貨ともいわれる。代表的な仮想通貨として、ビットコインなどが挙げられる。ビットコインは、初めての分散化された暗号通貨といわれている。また、ビットコイン以外の仮想通貨をアルトコインと呼び、仮想通貨は、ビットコインとアルトコインを指す。

【セグウィット（Segwit)】
ブロックに書き込まれているデータのサイズを小さくするために、トランザクション（取引）の部分と電子署名の部分を分けること。

【ソフトフォーク】
フォークとは、ブロックチェーンの分岐のこと。旧バージョンと新バージョンの互換性のある分岐。

【ハードフォーク】
ブロックチェーンの規格を強制的に変更し、分岐させること。旧バージョンと新バージョンの互換性のない分岐。

【半減期】
ビットコインでは21万ブロック毎（約4年）に1回、オリンピックイヤーに、マイナー（採掘者）に与えられる報酬（ビットコイン）が半分になるというルール。同じ作業に対して支払われる報酬が半分になるということは、1BTCの価値が倍になるということ。2020年に3回目の半減期がくるといわれている。

【ビットコイン】
ビットコインとは、中本哲史（サトシ・ナカモト）を名乗る人物によって投稿された論文に基づき、2009年に運用が開始された仮想通貨。通貨が国家の信用を基に価値を担保されている一方、ビットコインの信用はネットワーク参加者全体で相互に形成されている。ビットコインの数には限りがあり、多くの人がビットコインに価値があるものだと信じれば、それだけ価値が上がり、無いものとみなせば価値が下がる。ちなみに、ビットコインをそのまま一般の銀行に預けることはできない。

【ブロックチェーン】

ブロックチェーンとは、分散型コンピュータネットワークのこと。分散型台帳とも表現される。ビットコインの取引は10分ごとにブロックに記録されるが、それを時系列につなげたものがブロックチェーンだ。これまで、全てのトランザクションは銀行や全世界に決済システムを提供するVISA、MasterCardなど、第三者が管理する機関を通して行わなければならなかったが、ブロックチェーン技術を使うことにより、この第三者機関を通さずにトランザクションを成立させることができる。一度データがブロックチェーンに書き込まれたら、そのデータを変更することはできない、という特徴がある。

【マイニング】

マイニング（採掘）とは、新しいブロックを過去のすべての取引記録が記載されたチェーンの最後尾にはめ込むための鍵を見つける作業のこと。第三者は、ある人からある人へのコインの譲渡を客観的に確認することができる。この取引の確認作業により、ビットコインを報酬として得ることができる。これを一般的にマイニングと呼んでいる。マイニングはひとりで行っているわけではなく、10分ごとに、世界中のマイナー（採掘者）が参加してレース形式で行われている。

【マウントゴックス事件】

２０１４年2月、東京・渋谷に本拠を置く、当時、最大級のビットコイン取引所「マウントゴックス」が経営破たんし、経営者が逮捕された事件のこと。85万ＢＴＣ（当時の時価で45億ドル相当）が消えてなくなったといわれている。

■主な仮想通貨の概要

【ＢＴＣ：ビットコイン（Bitcoin）】

ビットコインとは、２００８年に考案された暗号技術を利用した分散型台帳であるブロックチェーン（インターネット上の台帳に取引の情報を記録して資産の保存や移転の手段として使われるネットワーク）技術に基づき、価値の保存・移転が可能な仮想通貨。発行主体を持たず、発行上限がある等の特徴を持ち、決済手段や投資に利用されている。

【ＥＴＨ：イーサリアム(Ethereum)】

イーサリアムとは、ブロックチェーンにスマートコントラクト（契約情報）を記述する仕組みのこと。ビットコインは、ブロックチェーンによって全ての取引履歴を管理しているが、イーサリアムは、取引で行われる契約をブロックチェーンに書き込み、その書き込まれた契約内容が実行されるという仕組み。

【ＥＴＣ：イーサリアム・クラシック（Ethereum Classic)】

イーサリアム・クラシックは、Ethereum財団のハードフォークの反対派により立ち上げられたプロジェクト。ハードフォーク後も元のブロックチェーンを維持し、ハードフォーク前のETHを取引可能としている。ハードフォーク前のイーサリアムがイーサリアム・クラシックに名前を変更したようなイメージ。

【LISK：リスク（LISK）】
リスクとは、分散型アプリケーションプラットフォームのこと。分散型アプリケーションは、1つ以上のローカルまたはリモートのクライアントが、ネットワークで接続された複数のマシン上の1つ以上のサーバと通信するアプリケーション。どの場所からでも業務処理が可能で、仮想通貨でいうとイーサリアムと似た仕組みである。

【FCT：ファクトム（Factom）】
ファクトムは、〝ビットコイン2・0〟と呼ばれる、ブロックチェーン技術などを応用したプロジェクトの1つ。あらゆる書類や記録をブロックチェーン上で管理することができ、印鑑証明のように特定の事実を証明する公証の役割も期待されている。ファクトムがブロックチェーンに記録するのは書類やデータのハッシュのみで、個人情報や重要データの漏えいを防ぐことができ、データ量も少なく処理スピードが速くなる。

【XMR：モネロ（Monero）】
モネロとは、CryptoNote プロトコルに基づくオープンソースのプルーフオブワークを使用した暗号通貨。ビットコインのソースコードを基にせず作られており、アルトコインの中では非常に珍しいコインといわれている。CryptoNote は匿名性に特化したプロトコルで、リング署名技術を活用し、支払いの追跡ができない。

【REP：オーガー（Augur）】
オーガーとは、オープンソースの未来予測市場のプラットフォームのこと。予測市場とは、あるイベントに対するユーザーの意見を先物市場のメカニズムを用いて1つの数字に集約し、その数字を「予測値」とするものである。オーガーの特徴は、誰でも任意のトピックに関する予測市場で作成ができ、監視や取引することができる、オープンでグローバルなプラットフォームであること。「群衆の知恵」というシステムとブロックチェーンを使用している。

【XRP：リップル（Ripple）】
リップルは、「Ripple Labs, INC.」が運営する分散型台帳技術を利用した即時グロス決済システム、外国為替・送金ネットワークのこと。リップル内にのみ存在する生来の電子的な資産であり、システム内で使用できる通貨を「XRP」と言い、リップルコインとも呼ばれている。1000億XRPがリップルのシステムにプログラムされており、それ以上増えることはない。

【ZEC：ジーキャッシュ（Zcash）】
ジーキャッシュは、自分の持っている

命題が「正しいもの」であることを伝えるために、「正しい」という事実以外の情報を伝えることなく証明を可能にする「ゼロ知識証明」という技術が用いられ、Equihashというアルゴリズムを使用している。ゼロ知識証明を用いることで、ブロックチェーン上の支払者、受取者、金額の情報を自動的に隠し、正しい閲覧キーを持つ人だけが内容を見ることができ、他者に閲覧キーを送る際は、オプトインという方式で送る。ジーキャッシュはパブリック・ブロックチェーンを使用し、分散型ネットワークを保持しつつ、完全な匿名支払いが可能。

【NEM：ネム（XEM）】

ネムは、多くの資金を保有する一部の採掘者に報酬が偏らないよう設計された初の暗号通貨である。NEMという名称は、New Economy Movement（新たな経済運動）の略称で、その仕組みにはPOI（Proof-of-Importance）を採用している。POIは、NEMのネットワークに貢献した人が利益を得られるというもので、全ての人に平等に利益を得る機会を与えていることから、「富の再分配」と表現されている。

【LTC：ライトコイン（Litecoin）】

ビットコインが「金」に例えられるのに対し、ライトコインは「銀」に例えられる。基本的な仕組みはビットコインと同様だが、ビットコインに比べ、より高速な取引が可能。また発行枚数の上限が8400万枚とビットコインのおよそ4倍に設定されている。

【DASH：ダッシュ（DASH）】

ダッシュは、「秘匿性の高さ」と「即時取引（承認）」に優れた特徴を持っている。改名以前は「Darkcoin（ダークコイン）」と呼ばれていた。ダッシュは、コインミキシングという手法を用いた「Darksend」と呼ばれるトランザクション形式を採用し、誰のコインが誰に渡るのかといった情報が分からないのが特徴。また、「InstantX」と呼ばれる機能の導入により、即時取引が可能となった。ビットコインの承認が10分かかるのに対し、DASHでは数秒〜数十秒程度だといわれている。

【BCH：ビットコインキャッシュ（Bitcoin Cash）】

ビットコインキャッシュとは、2017年8月1日のフォークによって誕生した新しい仮想通貨。ビットコインキャッシュは、既存のビットコインと比較してブロックサイズ（取引処理能力）が最大8倍に拡大可能なことが特徴であり、送金の滞留時間の改善、手数料の引き下げを目指し、これまでのスケーラビリティ問題の解決を目的とした通貨である。

あとがき

ビットコインを知る前、わたしは人生で初めて貧乏という事態に直面していました。働けなくなるという想定外の出来事の結果でした。そんな危機的状況でなければ、ビットコインなどという怪しいモノに手を出さなかったかもしれません。正真正銘の情弱で、投資など自分とはまったく縁のない世界だと思っていたわたしが、初めてお金や投資というものを深刻に考えたきっかけが、この怪しいビットコインでした。人生はわからないものです。

お金の知識がないということは、泳げないまま海に浮かぶ小さな小舟の上で暮らすようなもの。この1年で学んだことは、その不安定な状況から自分を救うのは、大きな舟に乗せてくれる人を待つことではなく、自分で泳ぐ方法であり、舟を作る知識だということでした。

このマンガは、わたしのように情弱で投資バージンで、今まさに溺れかけている方のためのささやかなビート板になればと思い、恥のすべてを綴りました。

多忙な中、監修とまえがきを引き受けてくださったコインチェックの大塚雄介さんに、この場をお借りして心より感謝申し上げます。日本仮想通貨界の聖地であるコインチェックさんのオフィスに巡礼できたことは、一生輝く思い出です！

最後に、お金はそれ自体に価値はなく、手にしたいものと交換して初めて役に立つツールです。もし一生困らないお金があったとしたら、あなたは何と交換しますか？

2017年10月

たまきちひろ

[参考文献・URL 一覧]

- 『いまさら聞けないビットコインとブロックチェーン』大塚 雄介 著
  ディスカヴァー・トゥエンティワン（2017 年 3 月）
- 『幸福の「資本」論』橘 玲 著　ダイヤモンド社（2017 年 6 月）
- Bitcoin 日本語情報サイト　https://jpbitcoin.com/
- Crypto Currency Magazine　http://cryptocurrencymagazine.com/
- CoinGecko　https://www.coingecko.com/ja
- Coincheck　https://coincheck.com/

［著者］
たまきちひろ
2001年、ビッグコミックスピリッツ（小学館）でデビュー。
2008年、著書『Walkin' Butterfly』がドラマ化。同作品は2014年7月現在までに6カ国語に翻訳され、2008年にはパリのJAPAN EXPOに招待される。
著書『FOOL ON THE ROCK』（少年画報社）がフランスで青少年優推薦図書に選出、2010年には『Walkin' Butterfly』がアメリカ図書館協会アワードでノミネートされる。
2011年に出版された著者自身の婚活体験を綴ったコミックエッセイ『婚活の達人』など、様々なジャンルで執筆。
http://tamakichihiro.com/

［監修者］
大塚雄介（おおつか・ゆうすけ）
コインチェック株式会社共同創業者兼COO（最高執行責任者）
1980年生まれ。早稲田大学大学院修了。物理学修士号取得。
リクルートから分社独立した株式会社ネクスウェイでB2B向けITソリューションの営業・事業戦略・開発設計を経験の後、レジュプレス株式会社を創業（2017年4月よりコインチェック株式会社に社名変更）。
現在、取締役COOを務める。日本最大規模の仮想通貨交換取引所Coincheckならびに、ビットコイン決済サービスCoincheck paymentを運営。
https://twitter.com/yusuke_56
https://www.facebook.com/yusuke.otsuka.750

ビットコイン投資やってみました！

2017年12月6日　第1刷発行
2018年1月19日　第4刷発行

著　者――たまきちひろ
監修者――大塚雄介
発行所――ダイヤモンド社
〒150-8409　東京都渋谷区神宮前6-12-17
http://www.diamond.co.jp/
電話／03·5778·7234（編集）　03·5778·7240（販売）

装丁・本文デザイン―穴田淳子（a mole design Room）
DTP――ダイヤモンド・グラフィック社
校正――鷗来堂
製作進行――ダイヤモンド・グラフィック社
印刷――勇進印刷（本文）・共栄メディア（カバー）
製本――川島製本所
編集担当――高野倉俊勝

ISBN 978-4-478-10397-5